*bien*ESTAR

Plantas medicinales

TIKAL

editora responsable:
Isabel López

traducción:
Pilar Tutor

corrección de textos:
Begoña Saludes

fotocomposición:
Julio P. Fernández

Laura Mantovani

Plantas medicinales

TIKAL

Contenido

Introducción

La fitoterapia

Diccionario de las plantas medicinales

Enfermedades y malestares más comunes y sus remedios

Glosario

Introducción

¿Qué es la medicina alternativa?

Hoy más que nunca, después de miles de años, la sociedad occidental es consciente al fin de la unidad entre el cuerpo y la mente. De esta conciencia deriva la exigencia de una visión más completa y más clara del ser humano, de su salud y de las enfermedades. Se va imponiendo la necesidad de considerar a la persona no sólo como una entidad físico-química, sino como una realidad que existe y acerca de la que es preciso reflexionar desde una perspectiva biológica e incorpórea, es decir, energética, mental, espiritual.

La medicina y la Naturaleza

Las convenciones médicas occidentales consideran al ser humano como una estructura exclusivamente biológica, es de-cir, como un conjunto de células, moléculas y átomos correlacionados entre sí. Su comportamiento, sus pulsiones y sus instintos se definen como interacciones de hormonas y otras sustancias químicas.

La consecuencia de este enfoque es una medicina sustentada en las técnicas médico-mecánicas, como trasplantes de órganos, implantes de prótesis funcionales o estéticas, revascularización de las arterias obstruidas. En la práctica cotidiana esto se materializa en terapias a base de fármacos específicos, en el convencimiento de que de este modo se cura cualquier enfermedad.

Giorgio Cosmacini, médico, profesor universitario e historiador de la medicina italiana, en su libro *Carta a un médico sobre la curación de los hombres,* afirma que: «La medicina ha dado pasos de gigante en el conocimiento de las enfermeda-

Platón

No se puede curar la parte sin curar el todo. No intentemos nunca curar el cuerpo sin curar el alma. Si queréis que tanto la cabeza como el cuerpo gocen de buena salud, empezad siempre por curar la mente.

des y en el desarrollo de terapias, pero se arriesga a perder su calidad esencial de curación de los seres humanos. Esto sucede porque se ha visto invadida por el mercado y cada vez está menos centrada en el deseo de ofrecer salud y más esclavizada por una tecnología prepotente, movida por la necesidad de reclutar nuevos clientes y ensalzada por médicos a menudo despreocupados y a veces indiferentes».

Pero, lentamente, las cosas están cambiando: el mundo médico-científico empieza a abrirse a la influencia de la cultura ecológica, que ha demostrado la estrecha relación entre crisis ambientales y crisis de la salud.

La proliferación de las enfermedades degenerativas debida a la degradación del medio ambiente ha puesto en jaque la visión mecanicista del hombre, contribuyendo a minar la distinción nítida entre estado de salud y estado de enfermedad.

Los más ilustres oncólogos se ven obligados a admitir que la mayor parte de las enfermedades dependen del deterioro del sistema inmunitario, provocado por la contaminación ambiental y la increíble difusión de sustancias tóxicas por medio del aire, el agua y los alimentos.

De la visión mecanicista a la visión holística

En la aparición de este cambio ha sido determinante el paso de la visión mecanicista a la llamada visión holística, que ha producido un giro en la percepción que el hombre tiene de sí mismo y, como consecuencia, en la visión que la ciencia tiene sobre los fenómenos que estudia.

La visión mecanicista, nacida junto con la ciencia en tiempos de Descartes y Newton, respaldada por siglos de pensamiento científico y aún predominante en gran medida en el seno de la medicina, considera el cuerpo humano como una máquina que puede analizarse y dividirse en sus partes constituyentes. Podría sintetizarse en estos términos: «El cuerpo es una máquina y la mente es un fantasma».

La visión holística, por contra, podría reducirse a la siguiente afirmación: «El fantasma es la máquina y la máquina es el fantasma».

En la década de 1950, los científicos empezaron a cuestionar la concepción materialista. De sus estudios surge un universo repleto de sistemas energéticos donde el tiempo puede transcurrir más o menos velozmente, donde las partículas elementales pueden aparecer a la vez en dos lugares y el espacio es curvo y finito, pero a la vez eterno y quizá multidimensional. El físico Wolfgang Pauli, premio Nobel en 1945, demostró la existencia de una comunicación del átomo como totalidad, como si los electrones que lo componen conocieran constantemente la posición los unos de los otros.

Wolfgang Pauli, físico estadounidense de origen austriaco, conocido por haber enunciado el principio de exclusión de la mecánica cuántica. ▶

Sin embargo, ha sido la física cuántica, al conseguir penetrar en la esencia de la materia, la que ha demostrado científicamente lo que creían de forma intuitiva las culturas antiguas: todo el sistema viviente está interconectado, es holístico.

En el mismo periodo, otras formas de conocimiento empezaron a minar nuestra visión del mundo, revelando los daños sufridos por el medio ambiente a causa de la explotación de los recursos del planeta. Es ya evidente que estamos destruyendo nuestro mundo, cuando lo que esperábamos era mejorarlo mediante el progreso tecnológico.

De estos descubrimientos surgieron las condiciones para una nueva medicina, que se ocupará no de máquinas que hay que reparar sino de sistemas vitales, reconocidos como expresión de las actividades simultáneas y recíprocamente interdependientes de múltiples componentes, que actúan en diversos niveles: físico, biológico, social y cultural. Se ha llegado a las siguientes conclusiones:

■ La tecnología médica moderna no está en condiciones de afrontar y resolver por sí misma las enfermedades provocadas por nuestra civilización.

■ Las intervenciones en el plano biológico son muy útiles en casos individuales de emergencia, pero sus efectos son irrelevantes sobre el estado de salud general.

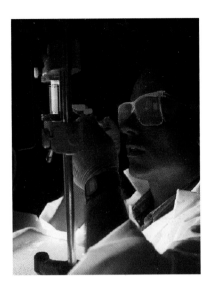

◀ *La medicina moderna no consigue curar todas las enfermedades.*

■ Sólo raras veces los mecanismos biológicos son los responsables únicos de una enfermedad.

■ La salud de los seres humanos queda determinada, ante todo, por su comportamiento, sus hábitos alimentarios y el medio en el que viven.

¿Qué es el holismo?

La palabra 'holismo' deriva de la palabra griega *holos,* que significa 'entero'.

El holismo es una filosofía que estudia el organismo en su integridad en vez de las partes separadas que lo integran; incluso su parte más pequeña contiene en sí todos los elementos de la totalidad. Cada célula del cuerpo humano contiene ADN, información global del cuerpo y la mente, gracias a la cual se comunica y relaciona continuamente con la totalidad del sistema celular.

Para la *Enciclopedia Britannica,* el holismo es «una teoría que hace de la existencia de la "totalidad" una configuración fundamental del mundo. Considera los objetos naturales, tanto animados como inanimados, como una totalidad y no simplemente como una suma de elementos o partes. Estos cuerpos o cosas no son divisibles, son una totalidad que vale más que la suma de sus partes».

El concepto de sincronicidad

Por sincronicidad, Jung entiende una coincidencia significativa entre un acontecimiento psíquico y uno físico, sin que haya entre ambos una relación de causalidad específica. Los fenómenos sincrónicos se producen cuando vivencias interiores como los sueños, las visiones y los presentimientos encuentran una correspondencia en la realidad, demostrándose reales. Jung clasifica las coincidencias significativas en tres categorías:

1. Coincidencia entre un estado psíquico y un acontecimiento simultáneo y objetivo que se corresponda con el estado o el contenido psíquico, sin que ninguno de ambos manifieste relación causal alguna con el otro.

2. Coincidencia de un estado psíquico con un acontecimiento externo (más o menos simultáneo) correspondiente, el cual se desarrolla fuera de la esfera de percepción del observador, es decir, distanciado en el espacio, y puede verificarse posteriormente.

3. Coincidencia de un estado psíquico con un evento correspondiente aún inexistente, es decir, distante en el tiempo, y verificable sólo a posteriori.

Tal principio es la base del concepto de «sincronicidad» expresado por Gustav Jung. Por tanto, la visión holística de la realidad considera la existencia compuesta de planos compenetrados de energías más o menos sutiles, que no pueden separarse en físicos y espirituales.

La medicina holística

La medicina holística, al perseguir la unificación entre el cuerpo y el espíritu, estimula el proceso de curación del paciente intentando aportar armonía entre las dimensiones emotiva, social, física y espiritual de la persona. Un supuesto fundamental de tal proceso es hacer responsable al individuo de mantener su bienestar y su salud, de la prevención y la curación de las enfermedades.

Si la medicina tradicional evidencia la importancia de los factores patógenos (bacterias, virus, factores medioambientales) como causas de enfermedades, la medicina holística sostiene que es la disminución de la energía, causada por los malos hábitos y el estrés, sea físico o psíquico, lo que predispone al individuo a padecer enfermedades.

Por un lado, la enfermedad se ve como un desequilibrio entre factores sociales, personales y económicos, y por el otro, como algo con causas biológicas. El dr. Paavo Airola, presidente de la Academia Internacional para la Medicina Biológica, se encuentra entre los principales defensores de la medicina holística. Cita como factores estresantes el miedo, las preocupaciones, las tensiones emotivas, los venenos procedentes del aire, los alimentos y el agua contaminados, los fármacos tóxicos, el exceso de alcohol y la falta de ejercicio físico, de reposo y de relajación.

Por lo que a la prevención se refiere, la medicina holística sostiene la necesidad de establecer y mantener un equilibrio entre el individuo y el medio ambiente.

Las raíces de la medicina holística: Hipócrates y los chamanes

La medicina holística hunde sus raíces en la experiencia de Hipócrates, el padre de la medicina, y en la de los chamanes.

Hipócrates, nacido el 460 a. C. en Coo, Grecia, comprendió que la enfermedad no es una simple sucesión de fenómenos inexplicables, sino una concatenación en la que cada dato físico tiene su lugar en una relación causal.

Se le considera el padre de la medicina, hasta el punto de que el llamado Juramento hipocrático –primer texto deontológico de la historia de la medicina– es una enumeración de los deberes que un médico debe cumplir, entre los que se encuentran el respeto a la vida y a la dignidad del enfermo.

Hipócrates dejó una voluminosa serie de escritos conocidos como *Corpus Ippocratico* en los que se encuentran los supuestos fundacionales de su medicina:

- la salud como un estado de equilibrio;
- la importancia de los factores ambientales;

- la interdependencia entre el alma y el cuerpo;
- el poder curativo intrínseco de la naturaleza.

En *Los aires, las aguas, los lugares,* uno de los libros más importantes del *Corpus,* se subraya la estrecha correlación entre la calidad del aire, el agua y el alimento, la topografía del territorio y los hábitos de vida con la aparición de enfermedades. El conocimiento profundo de estos efectos ambientales, según Hipócrates y el holismo, es el fundamento del arte de la medicina.

En segundo lugar, después de los factores ambientales, actúan sobre el individuo los diver-

Chamanismo

El deseo primordial del ser humano de comprender la naturaleza y encontrar la armonía con ella dio vida a las llamadas «religiones de la naturaleza», basadas en la experiencia extática y en la unidad fundamental de lo creado. Se difundieron por todo el planeta y durante millares de años constituyeron el sistema espiritual y terapéutico dominante. Según esta visión «originaria», los mundos mineral, vegetal, animal y humano, el mundo sutil de los espíritus y de la divinidad existían el uno dentro del otro y el uno para el otro. En el curso de los siglos, la herencia chamánica fue recogida, conservada y desarrollada por diversas creencias como el yoga, el tantrismo, el budismo tibetano, el taoísmo, las tradiciones de los indios de América y las poblaciones afroamericanas.

sos componentes de la naturaleza humana, a los que Hipócrates llama humores y pasiones. El desequilibrio entre ellos provoca la aparición de la enfermedad. Por lo que se refiere al proceso de curación, los escritos hipocráticos reconocen la existencia de fuerzas sanadoras intrínsecas en el organismo; es tarea del médico crear las condiciones favorables para que estas fuerzas naturales puedan actuar.

El chamanismo, por su parte, es una tradición que existe desde antiguo y sigue siendo una fuerza vital en muchas culturas del mundo.

Las ceremonias chamánicas de curación se concentran en la recuperación de la armonía perdida con la naturaleza, integrada a su vez por minerales, vegetales, animales, seres humanos y entidades espirituales.

En sus rituales de sanación, los chamanes aplicaban técnicas terapéuticas que se adelantaron en miles de años a nuestras técnicas psicoterapéuticas más modernas: las terapias de grupo, el psicodrama, el análisis de los sueños, la hipnosis, las visualizaciones, la danzaterapia, la respiración holotrópica y la terapia psicodélica.

Teoría y práctica de la medicina holística

Como hemos dicho, la visión holística representa un nuevo modo de considerar al ser humano y a la realidad que lo circunda. Ha llegado el momento de desarrollar una nueva forma de comprensión, lo que David Bohm llama «comprensión de nuevo orden, que se desvela de modo natural».

La nueva comprensión de uno mismo y de los demás guiará al médico holístico en la elección de la terapia más adecuada. Según los casos, elegirá los antibióticos, el remedio homeopático, la palabra, el masaje, la indagación en profundidad, la catarsis emotiva o las visualizaciones, la respiración o el movimiento, la alimentación, la danza, la meditación, el sonido o el silencio.

Detallaremos ahora las ventajas y cualidades de esta nueva comprensión intentando reflejar los conceptos clave que sustentan esta práctica.

Observación en lugar de análisis

Se decía que la primera condición para alcanzar una nueva comprensión era dedicarse a observar con la mirada limpia. Pero ¿qué significa exactamente esta afirmación? Significa darse cuenta de que además del mundo exterior existe, y es de fundamental importancia, un mundo interior.

¿Cuántas veces al día somos conscientes de nuestra respiración, del latir de nuestro corazón, de las sensaciones o de las emociones?

¿Cuántas veces, mientras estamos hablando, escuchamos cómo resuena dentro de nosotros lo que decimos? Incluso cuando hacemos el amor estamos hasta tal punto concentrados en dar o recibir placer, en satisfacer nuestras expectativas o en demostrar nuestra habilidad, que olvidamos observar el flujo de las emociones que nos atraviesan. Para la gran mayoría de los occidentales, hijos de una cultura positivista y mecanicista, estar a solas con nosotros mismos significa pensar, y observarse significa analizar si estamos o no enfermos, si tenemos o no síntomas de algo.

La experiencia interior se reduce a evaluaciones internas para verificar si la máquina

Bohm y la teoría del universo holográfico

David Bohm, célebre físico cuántico y profesor en la Universidad de Londres, fallecido hace unos años, es famoso por haber elaborado la teoría del universo holográfico, que explica de modo racional y científico fenómenos hasta entonces considerados paranormales o místicos. Con su hipótesis de que el universo es un gigantesco holograma (imagen tridimensional proyectada en el espacio por medio de un láser), aclaró muchos de los enigmas no resueltos de la física y otros fenómenos todavía misteriosos: la telepatía, las experiencias extracorpóreas o las previas a la muerte, los sueños lúcidos, las curaciones milagrosas, o las experiencias religiosas y místicas como sentimientos de unidad cósmica.

funciona mejor o peor, y a desafortunadas tentativas de mantener a raya el fantasma de nuestras inquietudes creyendo aquello que deseamos. Pero la máquina no existe y tampoco el fantasma. El océano de la conciencia produce ondas, como cualquier otro, ondas que llamamos sensaciones, emociones, pensamientos, imágenes, recuerdos, etc.

La actividad del pensamiento no es más que un conjunto de ondas, la observación es el océano. Dejarse guiar por los pensamientos significa dejarse llevar por estas ondas; practicar la observación significa percibir la verdadera naturaleza del agua de la vida, además de perderse en su flujo.

Concentración en lugar de movimiento

¿Cómo navegar por los océanos de la conciencia sin correr el riesgo de acabar a la deriva?

Si queremos navegar de Europa hasta la costa de Estados Unidos debemos seguir la dirección este-oeste. Las olas y los vientos tende-

rán a llevarnos en otras direcciones, pero si mantenemos el timón firme, sin dejar que prevalezcan las fuerzas que nos impulsan hacia otros lugares, llegaremos a nuestro destino.

Del mismo modo, si queremos patronear la observación de un aspecto de nosotros mismos, de una función, como la respiración, de una emoción, como el miedo, de un órgano o de un síntoma, tendremos que estar en condiciones de centrarnos en él con toda atención, sin permitir que nos distraiga el flujo de los pensamientos. Concentrarse significa desarrollar cualidades como la escucha, la aceptación y la responsabilidad.

Dediquemos, pues, unos minutos a un simple experimento. Probemos a cerrar los ojos y a seguir nuestros pensamientos durante unos instantes. Luego observemos nuestra respiración. Con toda seguridad, constataremos que ésta se había interrumpido. Esto sucede porque cuando seguimos el fluir de los pensamientos, bloqueamos el flujo de la vida.

Reflexionemos un poco sobre cuánto tiempo dedicamos en el curso del día a es-

◄ *La actividad del pensamiento no es más que una sucesión de ondas.*

cuchar nuestra respiración y cuánto a seguir el discurrir de nuestros pensamientos.

Hemos aislado uno de los principales factores causantes de enfermedades en nuestra sociedad: dedicamos mucho más tiempo a seguir nuestros pensamientos que a sentir el transcurrir de la propia vida. Al hacerlo, provocamos en nosotros mismos interrupciones continuas e incesantes de la energía vital. Pero no nos damos cuenta, salvo para percibir que tenemos dolor de cabeza. Entonces intentamos hacerlo desaparecer y si no tenemos éxito, nos preguntamos por qué. En vez de observar qué estamos haciendo, en vez de sentir de qué modo vamos construyendo nuestro dolor de cabeza, en vez de prestar oídos a lo que nos estamos preguntando, intentamos comprender la causa.

Hechos en lugar de problemas

Este comportamiento nace de una creencia profundamente enraizada en nuestra cultura: creer que la solución de los problemas está en nuestra mente. Nada hay más falso.

La visión holística considera la mente el origen de todos los problemas o, más concretamente, que nuestros problemas nacen del modo en que utilizamos nuestra mente.

La mente en la ciencia moderna, como ya hemos dicho, considera cada problema, lo específico de cada síntoma, como un desperfecto que hay que reparar. La mente según la ciencia holística reconoce en los síntomas principalmente un fenómeno, un hecho, como las olas del océano, y como la solución, que reside en el fenómeno en sí.

Sólo una observación consciente puede permitir la comprensión de su verdadera natura-

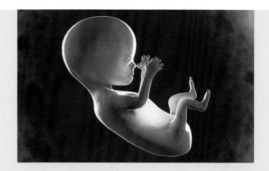

La respiración y la vida

Le propongo algunas sugerencias prácticas.

Deje que todo fluya y, mientras, permanezca a la escucha.

No intente comprender las olas, sino escuchar el rumor del mar.

Observe cómo se manifiesta la vida en usted, escuche por dónde discurre y dónde se bloquea.

Escuche las sensaciones de su cuerpo, de sus órganos, de sus vísceras, de su estado de ánimo, las emociones, los sentimientos.

Observe el océano de su conciencia y descubrirá que no tiene confín, ni síntomas ni conflictos.

Dirija la observación hacia su estómago cerrado y doloroso y comprobará que el dolor es una imagen y que ésta contiene colores, sensaciones. Las sensaciones son emociones, las emociones son recuerdos, los recuerdos ritmos de la respiración, pulsaciones de sus órganos, tensiones de sus músculos y así sucesivamente.

Observe, respire y permita el flujo. La simple observación le mostrará el camino hacia la curación.

leza. Incluso la explicación más elaborada, el diagnóstico más preciso, seguirán siendo sólo una onda. Si no estamos dispuestos a dejarla correr, nos arrollará.

Pero, atención: la ciencia holística no renuncia a plantearse exigencias ni a formular diagnósticos, simplemente nos invita a reconocer la verdadera naturaleza de los síntomas y a comportarnos en consecuencia.

En cada problema reside su solución

Descubrirá así que en todo síntoma se esconde un aliado, lleno de un potencial creativo que no busca más que expresarse.

La observación consciente de las olas del océano de la conciencia y la firmeza del intento de entrar en contacto y escuchar atentamente cada mensaje del organismo (que en adelante llamaremos «cuerpomente») le enseñarán a aceptar cualquier emoción, cualquier dolor y cualquier síntoma sin combatirlo. La disposición a decir sí a un vientre hinchado, al corazón arrítmico o a la ansiedad, le permitirá conocerlos a fondo y, además, descubrir las enfermedades que los causan. Sentirá entonces que algo cambia en su interior: la pesadez se vuelve ligereza, el bloqueo se convierte en pulsaciones, el dolor en un sonido, la ansiedad en un gesto, la rigidez en movimiento.

El hombre vitrubiano de Leonardo da Vinci. ▶

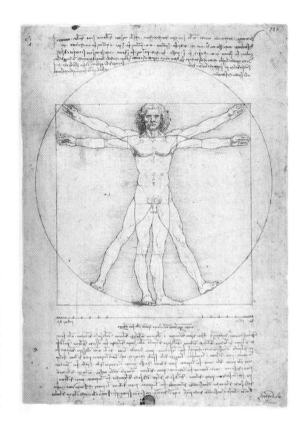

Responsabilidad
en lugar de delegación

Pero la claridad implica responsabilidad y la responsabilidad nos infunde temor.

De hecho, se diría que el peor miedo del ser humano es encontrarse solo, consigo mismo, frente a la vida. Cuando estamos completamente libres de problemas y síntomas, dejamos de tener coartada para no amar incondicionalmente la existencia; en este punto, no son ya tiranos que deponer, no son ya responsables con los que compartir el peso de nuestra ligereza.

Si reflexionamos un poco, quedará claro que toda la historia de la medicina es, en última instancia, la historia de una delegación: delegamos sobre el destino adverso la responsabilidad de nuestro estado, atribuimos a nuestras enfermedades la responsabilidad de no ser felices, delegamos en el médico la responsabilidad de curarnos.

A su vez, el médico delega en la investigación científica o en los fármacos la acción terapéutica. Nadie se ocupa del ser humano que tiene ante sí. La historia de la relación entre médico y paciente es la historia de un abandono macroscópico. Todas las cualidades que el mero sentido común está en condiciones de reconocer, las características más genuinamente humanas, quedan fuera del escenario.

La medicina moderna no se ocupa de la calidad. Ignora en su recorrido detalles diagnósticos y terapéuticos como el amor, la conciencia, el conocimiento, la confianza, la belleza, la creatividad, el gozo, la escucha, la intención, la energía vital, la vocación, la verdadera naturaleza.

La nueva visión holística pretende enseñar al ser humano a asumir toda la responsabilidad respecto a sí mismo. A reconocer, por medio de la observación consciente, la aceptación y la escucha, que todos los hechos de la vida, toda enfermedad, son aliados que le indican el camino hacia la comprensión del significado de la propia existencia, el descubrimiento de la vocación personal, la realización de la verdadera naturaleza de cada uno.

Las técnicas holísticas

La medicina holística se sirve de diversas técnicas para alcanzar sus objetivos:

HOMEOPATÍA

Es sin duda la más conocida de las técnicas terapéuticas no académicas, junto con la acupuntura.

Se basa en la intuición de Samuel Christian Hahnemann, a principios del siglo pasado, cuando observó que la acción de determinados principios curativos, suministrados en dosis infinitesimales, provocaba en el sujeto una serie de fenómenos idénticos a los descubiertos en sesiones de anamnesis.

«Lo similar cura a lo similar», es, de hecho, el supuesto básico de la homeopatía. Ésta conduce a la curación suministrando sustancias singulares (unicista) o asociadas con otras (pluralista) en dosis y diluciones adecuadas.

ACUPUNTURA

Es una técnica basada en la implantación de delgadísimas agujas en determinados puntos del cuerpo.

Usada durante milenios por la medicina china, se difundió inicialmente en Oriente y, a partir del siglo XIX, también en Occidente.

Se basa en el principio de que el hombre es gobernado por las mismas leyes del universo y por él fluyen dos energías opuestas y complementarias (*Yin* y *Yang)* de cuyo equilibrio depende el estado de salud.

El médico que practica la acupuntura valora el estado energético del flujo a lo largo de las principales vías recorridas por la energía (los meridianos). Mediante la punción de las agujas, estimula el reequilibrio al aplicarlas en puntos precisos y codificados.

FITOTERAPIA

Se sirve de las plantas con fines curativos. Algo más de la tercera parte de los principios activos usados en la medicina es de origen vegetal, pero, mientras que la farmacología tradicional emplea tan sólo el principio activo (molécula), la fitoterapia utiliza la planta entera, con todo su patrimonio genético, conservada y preparada según diferentes metodologías. La fitoterapia no combate los síntomas, sino que busca sus causas y las consiguientes reglas preventivas.

FLORES DE BACH

Método estudiado por el homeópata inglés dr. Edward Bach (1880-1936), convencido de que toda enfermedad se genera en la mente y el alma. Consiste en la administración de preparados, obtenidos mediante técnicas especiales a base de una o más flores. Éstos actúan modificando los estados de ánimo negativos y contribuyendo así a la buena salud del cuerpo.

KINESIOLOGÍA

Método de indagación y terapia que permite obtener información sobre el estado energético de una persona mediante pruebas de reacción muscular. Este método posee también propiedades terapéuticas porque reequilibra el cuerpo eliminando el estrés negativo de tipo físico, químico, emotivo o mental.

IRIDOLOGÍA

Se dice que el ojo es el espejo del alma, pero también es una fiel pantalla donde se proyectan nuestros órganos internos y su posible mal funcionamiento. El médico iridólogo emplea una metodología de investigación no invasiva y segura para encontrar en el paciente todo aquello que no le está funcionando como debiera en su interior.

REFLEXOLOGÍA

Desde la planta del pie se llega a todo el organismo. Actuando en puntos muy precisos de la planta del pie, la reflexología logra reequilibrar la energía en el interior del cuerpo del paciente, curando así afecciones debidas a desequilibrios energéticos incluso en los órganos individuales de los que se compone el cuerpo humano.

El masaje shiatsu es una de las formas más antiguas y naturales de curación del sistema circulatorio. ▶

SHIATSU

Es un masaje chino que se practica ejerciendo presión con la punta de los dedos a lo largo de los canales energéticos y sobre varios puntos de la piel, que coinciden en buena parte con los de la acupuntura. Aplicado durante milenios en Japón, consiste también en manipulaciones y tracciones capaces de calmar o estimular los nervios, los músculos y el sistema circulatorio. El shiatsu influye sobre el movimiento de la energía que circula a través de canales nítidamente definidos, llamados meridianos.

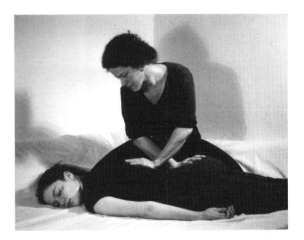

La fitoterapia

Su historia

La fitoterapia, palabra que deriva del griego *phyton,* que significa 'plantas', y *therapeia,* que quiere decir 'cura', tiene su origen en la prehistoria, cuando los hombres, a través de su experiencia directa y de la observación de los animales, se dieron cuenta de que algunas plantas tenían propiedades terapéuticas.

La primera información precisa sobre el uso de las plantas con fines curativos apareció en India en torno al 8000 a. C. y, poco después, en la población china y las civilizaciones precolombinas de la América meridional y entre los pueblos nativos de América del Norte. Aproximándonos a nuestra área geográfica y cultural, nos encontramos con una consolidada tradición herborista en el antiguo Egipto, donde los sacerdotes-médicos usaban plantas medicinales tanto para curar enfermedades como para los procesos de embalsamamiento.

Desde Egipto, la tradición herborística llega a Grecia, donde Hipócrates de Coo (c. 600 a. C.) clasificó por primera vez de modo orgánico las propiedades médicas de las plantas medicinales, describiendo cerca de 300 plantas e indicando sus respectivas propiedades curativas.

Un antiguo grabado que retrata a Plinio el Viejo. ▶

Plinio el Viejo

Gaio Plinio Cecilio Segundo, convencionalmente llamado Plinio el Viejo para distinguirlo de su homónimo hijo adoptivo, Plinio el Joven, nació en Como el 23 o 24 a. C. de familia de patricios. Emprendió una brillante carrera militar obteniendo importantes cargos públicos bajo Vespasiano y Tito, hasta tal punto que fue procurador por la Gallia Narbonense, de África y de Hispania. En el 79 d. C. fue comandante de la flota amarrada en Miseno. El 24 de agosto asistió a la erupción del Vesubio, que destruyó Pompeya y Herculano, y allí encontró la muerte, asfixiado por los vapores del volcán, mientras observaba la zona para estudiar el fenómeno y socorrer a sus amigos. La muerte de Plinio el Viejo es narrada por Plinio el Joven en dos famosas cartas a Tácito *(Epístola de Plinio,* vol. 6, 16 y 20). De su muy vasta producción sólo ha sobrevivido la *Naturalis Historia,* obra monumental en 36 tomos que va desde la cosmología a la antropología, de la zoología a la botánica y la mineralogía.

Galeno

Galeno nació en Pérgamo en 129 y murió, en Eoma o en Pérgamo, en 199. Físico, anatomista y fisiólogo, estudió en Pérgamo, Esmirna, Corinto y Alejandría. En 157 se convirtió en cirujano de los gladiadores de Pérgamo y después en médico personal del emperador Marco Aurelio. Escribió voluminosas obras sobre filosofía y medicina, de las cuales quedan sólo 108 escritos, parte en la versión original griega y parte en la versión árabe. Estas obras llegaron a Europa occidental bajo la forma de traducciones al latín de los textos árabes.

Tres siglos después, Dioscórides divulgó su *Materia Medica,* donde clasificaba cerca de 500 plantas.

Plinio el viejo, casi 100 años después de Cristo, cita en su *Historia Naturalis* un millar de plantas de uso terapéutico. Klaudio Galenos de Pérgamo, llamado Galeno por los romanos, médico de la corte de Marco Aurelio, recopiló de modo sistemático el saber médico de su tiempo y compiló formularios herboristas, ofreciendo recetas complejas, útiles no sólo para la curación general (es decir, holística) de la persona, sino orientadas también a combatir patologías específicas.

La figura y la obra de Hipócrates, Dioscórides y Galeno han influido en la medicina hasta una época muy reciente, sobreviviendo a los oscuros tiempos del Medievo.

En este periodo histórico también la medicina, como todas las demás ciencias, cayó bajo el dominio de la ignorancia y la superstición. Paradójicamente, gracias a los monjes de los conventos, quizá inconscientemente fieles al dicho de «quien causa un mal ha de ponerle remedio», pudo salvarse el saber antiguo para ser devuelto al hombre del Renacimiento con toda su preciosa carga de vitalidad solar.

Entretanto, los árabes ampliaban sus conocimientos sobre la terapéutica herborística, elevando el número de plantas medicinales conocidas a más de 1.500.

En el siglo XIV, finalmente eliminados los obstáculos, la sed de conocimientos hizo que la investigación y la ciencia retomaran a pleno ritmo la generación de nuevos descubrimientos. El arte de la medicina volvió a florecer y amplió sus conocimientos. Incluso la ciencia de las plantas recuperó su vitalidad, hasta tal punto que en Italia nacieron las Corporazioni degli Speziali, que se ocupaban del estudio y la aplicación del arte herborístico.

Y no sólo esto. Los descubrimientos geográficos condujeron al encuentro con culturas diferentes, en las cuales el uso de las hierbas con objetivos terapéuticos estaba bastante difundido. Esto permitió a las culturas médicas europeas ampliar considerablemente su bagaje farmacológico. Los audaces viajeros encontraron en China otras especies vegetales y otros modos de preparar las hierbas curativas. Todo fue bien hasta el siglo XIX, cuando surgieron nuevos obstáculos para la fitoterapia. La fiebre de la investigación científica descubrió los principios activos de las hierbas, es decir, cuáles de sus componentes las hacían eficaces desde el punto de vista terapéutico. Por un lado,

este hecho confirmó científicamente el valor curativo hasta entonces atribuido empíricamente a las hierbas, aunque, por otro, provocó en los científicos de la época una especulación frenética ante todo aquello que podía dividirse en partes más pequeñas que aquellas en las que se presentaba.

El hombre, transformado en demiurgo y patrón de los acontecimientos naturales, intentó plegar éstos a sus fines, e ignorar voluntariamente la naturaleza y la voz silenciosa de la materia, que tienen su sentido en sí mismas y en su complejidad. Erradicó ese momento de la energía que definimos como materia.

Desde el punto de vista de la historia de la medicina, la terapéutica herborística descendió hasta el nivel de medicina de charlatanes frente al descubrimiento de los principios activos contenidos en las plantas, que empezaron a utilizarse separadamente de las plantas de las que procedían. Quedó así alterado el valor terapéutico que provenía del juego de sinergias desarrollado por la presencia simultánea de más principios presentes en la misma planta. Este camino condujo al fármaco de síntesis que, como se empieza a intuir, es muy a menudo un remedio sintomático, útil para curar las manifestaciones agudas de una enfermedad más general, pero responsable con frecuencia de la aparición de otras enfermedades. Para que el arte herborista floreciera plenamente de nuevo habría que esperar a la segunda mitad del siglo XX, en particular a las décadas de 1960 y 1970, cuando

Todas las plantas pueden emplearse en remedios terapéuticos y curativos. ▶

se empezó a pasar de la visión mecanicista a la visión holística.

Su reconocimiento como ciencia

La Organización Mundial de la Salud (OMS) ha animado durante décadas a los organismos y los intereses privados a promover e incrementar la investigación sobre el uso de las plantas medicinales, que se definen como: «[…] toda planta que contenga, en uno o más de sus órganos, sustancias que puedan utilizarse con fines terapéuticos o preventivos, o que sean precursoras de síntesis quimiofarmacéuticas». Ahora vuelven a cobrar importancia diversos estudios de esta área:

1 Establecer y actualizar periódicamente una clasificación de las plantas medicinales, en correlación con la clasificación terapéutica de los medicamentos.

2 Elaborar normas y especificaciones internacionales de identidad, pureza y actividad de los productos a base de plantas medicinales, de modo especial, de las fórmulas magistrales.

3 Elaborar métodos capaces de garantizar la utilización eficaz y sin peligro de los productos a base de plantas medicinales, especialmente de las fórmulas magistrales, además de difundir información sobre las plantas medicinales en la terapia médica.

Escribe Giuseppe Penso: «La definición de la OMS está en consonancia con la orientación químico-farmacéutica seguida en este siglo por los investigadores del sector: determinar en las plantas medicinales las sustancias utilizables con fines terapéuticos, aislarlas, purificarlas, cristalizarlas, llevándolas al estado de molécula pura y de una

Fórmulas magistrales

Se remontan al médico Galeno y son remedios que deben ser preparados con precisión, con una dosificación rígida y exacta. Por este motivo, son elaboradas exclusivamente por un farmacéutico o un fitoterapeuta.

actividad específica; finalmente, obtenerlas por síntesis o transformándolas artificialmente». En España aún no tiene reconocimiento oficial, pero sí en otros países de Europa, como Francia, donde se reconoció en 1986, por lo que los gastos de una fitoterapia son abonados por el ministerio de Sanidad.

La prueba incontestable de la eficacia de los medicamentos fitoterapéuticos es que todos ellos poseen principios activos, lo que significa que contienen –en concentraciones más o menos elevadas, pero siempre significativas– sustancias dotadas de actividad farmacológica. Gracias a la fitoquímica conocemos las especies de mayor interés dentro de una misma familia, podemos determinar con precisión el momento ideal para su recogida, definir las condiciones de cultivo más favorables, las me-

jores regiones, el mejor suelo. Sabemos, en fin, escoger con la máxima precisión la parte más activa de la planta. Esta selección se efectúa de acuerdo con rigurosas bases científicas. Ésta es la fitoterapia moderna.

Los principios activos de las plantas medicinales

La acción terapéutica de una planta se debe a la presencia de sustancias químicas, llamadas principios activos, que influyen, de un modo más o menos incisivo, en los procesos bioquímicos de nuestro organismo y, por tanto, en la evolución de muchas enfermedades.

Las plantas producen el principio activo para satisfacer determinadas necesidades, entre las cuales las más importantes son: la defensa contra los parásitos, la acumulación de sustancias de reserva y la necesidad de prepararse para los periodos fríos. Por este motivo, los principios activos no están nunca presentes en la misma cantidad y casi siempre varían por influencia de factores climáticos que interactúan con la planta.

Hay varios tipos de principios activos, pero a continuación hablaremos de los más utilizados.

ALCALOIDES

Este principio activo se desarrolla en las plantas que producen una reacción alcalina. Los alcaloides tienen efectos excitantes o deprimentes, y pueden resultar peligrosos dado que actúan directamente sobre el sistema nervioso. Por ello, deben utilizarse con ex-

trema cautela. A este grupo pertenecen la efedrina, la morfina, la estricnina, la escopolamina.

ALCOHOLES DIGESTIVOS

Estas sustancias se emplean para aumentar la segregación de los jugos gástricos y, por tanto, contribuyen a la digestión.

Normalmente se presentan en preparaciones con base alcohólica.

ALMIDONES

Estos principios derivan de la transformación de los azúcares y, dado su elevado grado de digestibilidad, se utilizan sobre todo como soporte de otros principios activos. Gracias a esta particularidad, se emplean como base para los productos dietéticos.

GLUCÓSIDOS

Tienen un gran potencial sobre el cuerpo humano, pero deben utilizarse con extrema cautela dado que muchos tipos de ellos son venenosos. Están particularmente indicados para las afecciones cardiorrespiratorias.

El verano de Arcimboldo. *Esta obra evidencia que el pintor poseía un profundo conocimiento naturalista.* ▶

ACEITES ESENCIALES

Obtenidos a partir de frutos, hojas y cortezas exprimidos o de la destilación de éstos. Las plantas los utilizan como antisépticos o para evitar ser devoradas por animales herbívoros, a los que no agradan las sustancias oleosas.

Las propiedades de estas sustancias son múltiples; su aplicación frecuente es adecuada para tratar los aparatos cardiocirculatorio, nervioso y digestivo. Además, gracias a sus características, se usan también en la farmacología estética.

TANINOS

Son extractos de raíces, frutos, hojas y semillas que tienen una gran capacidad astringente; por ello, se usan para curar heridas y aumentar el poder cicatrizante de la piel. Se emplean también para curar las tumefacciones y las hemorroides, además de su uso interno contra las diarreas y enteritis.

Recolección de las plantas medicinales

La eficacia de los principios activos depende directamente del momento de la recogida y de la elección correcta de las modalidades de desecación y conservación de las plantas medicinales.

Para J. Valnet: «Las propiedades medicinales de las plantas dependen del suelo, el clima y la altitud, además de otros muchos factores». Según el canon tradicional de la herboristería, debe ser el herborista el responsable de la búsqueda, la recogida, el secado y la elaboración de las plantas. Hoy, por el contrario, son muy pocos los que siguen los cánones tradicionales; en su mayor parte se trata de aficionados que recogen las plantas para ellos mismos. Los llamados grandes herboristas producen las plantas medicinales en cultivos protegidos y con métodos biológicos, excluyendo las no adaptadas al cultivo, que, por tanto, han de recogerse en su lugar de origen. Esto no obedece sólo a motivos económicos, sino también al objetivo de ofrecer un producto seguro, controlado, sometido lo menos posible a los agentes contaminantes y cultivado sobre un suelo idóneo e intacto. Este último aspecto es una necesidad, dado que la contaminación de las áreas industrializadas del planeta, junto con las lluvias destructivas, que contienen gran cantidad de contaminantes y que en los últimos años han depauperado y modificado la composición mineral de los suelos, han provocado un drástico empobrecimiento de éstos en elementos importantes, como el cromo, el cobalto, el manganeso, el molibdeno. Estos elementos, que desempeñan funciones vitales para los seres vivos, tienen un papel importantísimo como catalizadores metabólicos.

Al mismo tiempo, esas lluvias aportan al terreno minerales tóxicos como el mercurio, el plomo o el cadmio, y afectan, cada vez en más aspectos, a la salud de los seres vivos y del planeta entero.

No obstante, siguen siendo válidos los parámetros para la recogida y la conservación, aunque esta última ya no se realiza con métodos tradicionales.

El momento de la recogida en particular se ha venido respetando estrictamente, ya que es necesario cosechar las hierbas en sus respectivos momentos balsámicos; de lo contrario, sus propiedades terapéuticas no estarían en su plenitud.

El periodo balsámico de una planta, o de parte de ella, es ese momento del ciclo vegetativo en el que la parte que se pretende recoger contiene la máxima cantidad de principios activos de la mayor calidad.

La planta entera y sus diversas partes tienen periodos balsámicos diferentes: las hojas no se recogen en el mismo momento que se recogen las flores o se extraen las raíces. J. Valnet sostiene que: «Las plantas deben recolectarse con tiempo seco y sin lluvia, una vez que se ha alzado el sol y tras desaparecer el rocío».

L. P. de Legnano, que por lo demás coincide con Valnet, señala que una condición necesaria para una buena recogida de las plantas es que el sol esté velado.

Las flores se recolectan antes de que se marchiten totalmente, a excepción de las del rosal, que se recogen en capullo, según Valnet, mientras que Legnano recomienda recoger las flores justo antes de su apertura completa.

Se trata de posiciones antitéticas, pero, según los estudios de Max Tètau, ha de tener razón Legnano, ya que cuando las flores no se han desplegado del todo, contienen una mayor y mejor cantidad de principios activos,

Aunque prevé la dilución, como la homeopatía, la floriterapia no sigue el mismo método y se rige por el concepto de que el bien (la flor) cura el mal. ▶

además de hormonas vegetales aún en plena actividad.

También en lo que respecta al momento de recogida de las hojas difieren Valnet y Legnano. El primero sostiene que las hojas deben recolectarse antes de su desarrollo completo, mientras que el segundo afirma que debe hacerse apenas despunten los brotes.

En este caso, siempre según los estudios de Tètau, «in medio, virtus»: así pues, por las mismas razones que las enunciadas para la recogida de las flores, lo mejor es cosechar las hojas en el momento de la gemación de la planta, es decir, cuanto ésta se encuentra en la cima de su ciclo vegetativo.

Legnano apunta una excepción concerniente al tusílago: recomienda efectuar la recogida de las hojas dos meses después de la floración de la planta.

Tanto según Valnet como según Legnano, en esta ocasión unánimes, el momento ideal para la recogida de los extremos floridos depende del periodo balsámico de las flores. Los vástagos y las ramitas floridas se recogen en primavera, aproximadamente en el mismo momento en que se recolectan las hojas y por los mismos motivos.

Las partes hipogeas de la planta se cosechan en general alrededor del segundo o tercer año vegetativo, normalmente en el periodo otoñal o invernal; si la planta es anual, las raíces pueden recogerse también en primavera. Son excepción a esta regla las raíces de las cuales se utiliza la corteza cuando ésta ha alcanzado un determinado grosor y se separa con facilidad del cuerpo.

Los tubérculos y los bulbos se recogen en plantas de cerca de tres años, en el periodo de reposo vegetativo. La excepción son las orquídeas, cuyos bulbos deben recogerse durante el verano.

A menudo se utiliza también la corteza de las plantas. Según Legnano, ésta se recoge a comienzos de la primavera, arrancándosela a ramas de edad mediana, mientras que, según Valnet, debe recolectarse fundamentalmente en invierno si es de árboles jóvenes y en primavera si se trata de árboles resinosos.

Los frutos ricos en pulpa jugosa deben cosecharse poco antes de su maduración completa, mientras que los de pulpa seca se recogerán en plena maduración.

Por lo que se refiere a la recogida de las semillas, se aplican las mismas reglas que para los frutos.

La recolección de las partes aéreas de las plantas herbáceas en su totalidad se realiza durante el periodo de floración.

La recogida de las yemas se efectúa en primavera, inmediatamente antes de que éstas se abran. Según Pol Henry, padre de la gemoterapia, la utilización de las yemas en la fitoterapia es en extremo importante. Define la yema como «tejido vegetal embrionario» del que se obtienen los «extractos vegetales embrionarios», a los que atribuye una enorme importancia en la curación de las patologías humanas.

Desecación y conservación de las plantas medicinales

El objetivo del secado de la planta es fundamentalmente conservar durante largo tiempo los principios activos u otros secundarios, que de lo contrario se perderían. El éxito de esta operación se juzga por la apariencia del producto obtenido, que debe ser lo más parecida posible a la del producto original, en especial en cuanto al color. En general, la desecación se realiza disponiendo el material en delgados estratos superpuestos sobre bastidores con rejillas o bien sobre tablas recubiertas de tela gruesa o láminas de papel secante. Tradicionalmente se efectuaba al sol, en invernaderos, en secaderos o en un granero aireado y seco. En el caso concreto de las raíces carnosas, éstas deben cortarse en tiras delgadas y secarse en una estufa, mientras que las mucilaginosas se secan al horno.

Las cortezas y la madera se secan al sol; las flores y las semillas se secan a la sombra en un lugar seco. Los tejidos más coriáceos, es decir, los tallos y las hojas gruesas, requieren un tratamiento más rápido; por lo tanto, se exponen a pleno sol, acomodadas sobre esterillas y removiéndolas a menudo. La operación de secado puede durar hasta 15-30 días. Es importante, de cuando en cuando, dar la vuelta a las partes puestas a secar, descartando las imperfectas, deterioradas, ennegrecidas o atacadas por parásitos. L.P. da Legnano indica, como operación indispensable para realizar antes de la desecación, la estabilización de los principios activos, sin la cual las hierbas perderán rápidamente sus virtudes terapéuticas y llegarán a pudrirse. La estabilización consiste en fijar en caliente, con vapor de alcohol etílico, la composición física de los vegetales frescos, antes de la intervención de fenómenos fermentativos o enzimáticos que pudieran alterar la composición química de la planta.

Las plantas recogidas deben utilizarse inexcusablemente dentro del año en curso.

Relación entre el material fresco y el seco

De 1 kg de hojas y hierba se obtienen alrededor de 150 g de producto seco.

De 1 kg de raíces, rizomas y bulbos se obtienen alrededor de 300 g de producto seco.

De 1 kg de ramas se obtienen alrededor de 400 g de producto seco.

De 1 kg de yemas y corteza se obtienen alrededor de 500 g de producto seco.

◄ *La elección del método de preparación depende por encima de todo del principio activo que se desea obtener de las plantas.*

Los preparados y su forma de empleo

El campo de aplicación terapéutica de las plantas medicinales y de sus principios activos es casi total, además de que son tolerados por la mayoría de las personas. El modo más práctico de utilizar las plantas con objetivos saludables es transferir a soluciones las sustancias contenidas en ellas, en particular, los principios activos. Así se logra liberar estos principios de las partes inertes de la planta y disponer de ellos rápida y fácilmente. Estas soluciones se utilizan ingiriéndolas o aplicándolas directamente sobre la piel.

Cómo preparar la droga seca

Antes de continuar, es necesario hacer una precisión: con el término 'droga' se entiende aquella parte de la planta, rica en principios activos, que se emplea con fines curativos.

Para utilizarla en las diferentes preparaciones, será necesario desmenuzar la planta seca, de modo que los principios activos puedan extraerse rápidamente mediante los líquidos disolventes (agua, alcohol, vino, etc.) a los que se transfiere.

La tradición herborista indica el uso del mortero para las operaciones de molienda. Lo ideal es usar uno de vidrio, de porcelana o de piedra. Menos adecuados son los de madera, porque son difíciles de limpiar. Se desaconseja encarecidamente usar los de metal, dado que los principios activos de la planta pueden reaccionar químicamente con dicho material y dar lugar a compuestos no deseados.

En la práctica casera, es muy cómodo el uso de molinillos de café o licuadoras eléctricas. No obstante, deberán utilizarse exclusivamente para este fin y limpiarse con mucho cuidado antes y después de su utilización. La planta desmenuzada pierde rápidamente sus principios activos, por lo que es recomendable tratar sólo la cantidad útil para una semana.

Cómo preparar la droga fresca

La elaboración de las pulpas y los jugos, partiendo de las hojas, los frutos, las raíces y los tubérculos recién recogidos, puede realizarse con ayuda de un mortero o una licuadora hasta obtener una pulpa lo más homogénea posible. Llegados a este punto, se pone la pulpa así obtenida sobre una tela blanca limpia, de trama muy fina, y se obtiene el jugo escurriéndolo a presión.

Las pulpas deben usarse de inmediato tras su preparación. Por el contrario, la droga fresca se puede conservar durante unos días en el frigorífico con los mismos cuidados que se emplean con la verdura y la fruta.

La principal forma de uso es la externa. Es recomendable aplicar las pulpas con el único

La infusión es una preparación en la cual la planta desmenuzada se echa en agua hirviendo y se deja reposar durante un tiempo que va de 10 minutos a una hora. ▶

fin de atenuar inflamaciones, enrojecimientos o contusiones. Indiscutiblemente, una herida abierta, una llaga o un absceso, por ejemplo, son competencia de un médico y representan un peligro continuo de infección que no puede ser controlado por un profano.

Los jugos o zumos también deben emplearse de inmediato. Igualmente, aparte de los cítricos y de otras pocas frutas, no se considera su uso interno. Para las aplicaciones externas se procede como con las pulpas.

Infusión

La infusión es un hidrolito, es decir, una preparación líquida obtenida mediante la maceración de la droga en agua. Se utiliza con todas las drogas ricas en aromas delicados y principios activos que se degradan a través de la acción combinada del agua y el calor.

Sobre la droga, compuesta solamente de flores, yemas y hojas machacadas y desmenuzadas, se vierte agua hirviendo. Luego se mezcla todo, se tapa y se deja reposar, removiendo de vez en cuando, alrededor de un cuarto de hora.

Los baños de plantas

Las plantas, en forma de aceites esenciales, en infusión o decocción, o incluso metidas dentro de saquitos de tela que después se introducen en el agua, transmiten sus preciosos elementos beneficiosos al agua. Entre las normas que se deben observar, la primera es la temperatura del agua, que no debe ser nunca demasiado elevada para evitar tanto el riesgo de una bajada de la tensión y el consiguiente desvanecimiento, como la relajación de los tejidos; por término medio, la temperatura del agua debe rondar los 37 °C.

Para los **baños de belleza** se aconseja:

Semillas de anís para refrescarse.

Menta, tomillo, lavanda y flores de azahar para dar nuevo vigor y nueva vida al cuerpo y la piel.

Una mezcla de lavanda, camomila y rosa para relajarse y revitalizarse.

Abedul y romero para estimular reacciones beneficiosas.

Geranio, eucalipto y bergamota para tonificar el cuerpo y el espíritu.

Abeto blanco y abeto rojo para sudar y librar al cuerpo de las toxinas.

Eucalipto y enebro para depurar el organismo.

Laurel, cilantro y lavanda están indicados para purificar la piel.

La agrimonia y el hipérico son adecuados para aliviar las inflamaciones de la piel irritada.

La encina, la frambuesa y el helecho griego se usan como tonificantes.

Para los **baños de reposo** preparar una infusión de:

Pino (4 puñados de agujas de pino en 1 l de agua).

O de tilo (50 g de flores secas en 1 l de agua).

O de brezo (dos puñados de flores secas en 1 l de agua).

O de albahaca (50 g de flores frescas en 1 l de agua) y verterla en el agua de la bañera.

Para los **baños relajantes** preparar una infusión de:

Salvado y hojas de nogal (1 kg de salvado + 200 g de hojas de nogal).

Manzanilla (50 g de flores en 1 l de agua, cuidado con las pieles alérgicas).

Castaño de Indias (darse masajes durante el baño con una bolsita llena con los frutos secos y pulverizados).

Acacia (poner en una bolsita 200 g de flores de acacia, 2 cucharadas de almidón de arroz, 2 de salvado y 2 de bicarbonato bajo el chorro de agua y usarla como esponja).

Baños emolientes: hidratan y suavizan la piel. Se preparan con pétalos de rosa, almidón de arroz, harina de almendras mezclada con flores de saúco y harina de maíz, y el omnipresente salvado (250 g + la cáscara de dos limones frescos).

Baños descongestionantes: se usan semillas de lino (100 g + 100 g de raíz de malvavisco), avena para las pieles irritadas, junto con 1/2 kilo de harina directamente en el agua. Las hojas de fresal se emplean para paliar la congestión causada por el frío.

Una vez que el líquido se ha enfriado del todo, se cuela y, de ser necesario, se filtra con una tela limpia o un colador de malla fina.

El tiempo de contacto influye sobre el color y sobre el sabor: puede regularse al gusto de cada uno y según las necesidades.

Por lo general, se utilizan de 1 a 10 partes de droga para preparar 100 partes de infusión. En algunos casos, a fin de facilitar la extracción de los principios activos de la droga, puede ser necesario añadir pequeñas cantidades de sustancias ácidas o alcalinas. Las infusiones deben consumirse calientes o tibias, nunca hirviendo o frías. Se pueden aromatizar o endulzar al gusto. Excepcionalmente, pueden conservarse en un lugar fresco o en el frigorífico durante unas horas, pero nunca más de 24 horas. Además, pueden utilizarse para baños totales o parciales, o para humedecer compresas de gasa o de algodón y aplicar éstas sobre la piel.

Decocción

Las drogas no aromáticas contienen principios estables al calor. Se trata, principalmente, de raíces, cortezas, semillas y otras partes duras en las que es más difícil que penetre al agua caliente, por lo que se emplean habitualmente en forma de decocción.

La decocción se obtiene poniendo la droga desmenuzada en agua hirviendo, tapándola y

Además de la decocción y la infusión, la fitoterapia moderna pone también a disposición del médico y el enfermo otras preparaciones, como aceites esenciales, tinturas, etc. ▶

haciéndola hervir durante unos 10-20 minutos. El producto así obtenido deberá filtrarse con una tela o un colador fino.

Suelen utilizarse 5 partes de droga para preparar 100 partes de decocción.

Si se trata de madera, primero habrá que rasparla y dejarla en maceración durante unas 12 horas. Para las decocciones, al igual que para las infusiones, el tiempo de contacto entre la droga y el agua influye en el color, el sabor y las propiedades terapéuticas. Además, se debe preparar una pequeña cantidad de decocción y luego añadirle un poco más de agua para compensar la pérdida a causa de la evaporación y la absorción por parte de la droga.

Las decocciones deben consumirse moderadamente calientes o tibias, nunca hirviendo o demasiado frías. Se beben por tazas o tacitas. También se utilizan para hacer apósitos para algunas partes del cuerpo, empapando trozos de gasa o de algodón que se aplican sobre la piel. Las decocciones no se conservan más allá de 12 horas.

Tinturas

Las tinturas pueden subdividirse en tinturas propiamente dichas o tinturas hidroalcohólicas, por un lado, y tinturas vinosas o vinos medicinales, por otro.

En la práctica doméstica, las tinturas se preparan por maceración. Se pone la droga desmenuzada en una botella o frasco de cristal y se deja en contacto con el disolvente prescrito (solución hidroalcohólica, por ejemplo, vino) durante 5-10 días. El recipiente, que debe ser de cierre hermético, se conservará en un lugar tibio, alejado de la luz solar directa, y se agitará de cuando en cuando. Transcurrido el tiempo previsto, se filtra, se exprime la droga y se añade la cantidad de disolvente necesaria para obtener el volumen final indicado.

Tinturas propiamente dichas o tinturas hidroalcohólicas

Para su preparación se utiliza alcohol de diferentes graduaciones (en general entre 50° y 70°), que se obtiene mezclando en proporciones exactas agua y alcohol de buen sabor, es decir, el mismo que se usa para la preparación de licores. No se debe usar nunca alcohol desnaturalizado desinfectante ni otros líquidos que no sean alcohol etílico puro. Para diluir el alcohol etílico de 95° (para licores) con agua con el fin de obtener 1 l de alcohol de graduación inferior, el método es simple: se vierte alcohol etílico de 95° en un recipiente de 1 l y se añade la cantidad de agua necesaria para obtener exactamente 1 l de líquido; luego se agita todo bien.

En la preparación de las tinturas hidroalcohólicas se suele adoptar una regla general que prescribe el empleo de una parte de droga para obtener cinco partes de tintura. En la práctica, por ejemplo, se usan 20 g de droga para obtener 100 ml de tintura. La tintura se conserva en frascos pequeños de cristal oscuro, bien cerrados y guardados en un lugar fresco y oscuro, fuera del alcance de los niños.

Tinturas vinosas o vinos medicinales

Para la preparación de tinturas vinosas o vinos medicinales se usan, a modo de disolvente, vinos blancos o tintos de alta graduación alcohólica, incluidos los de tipo Marsala u Oporto. La proporción de droga y la de vino son variables, pero siempre inferiores a las de las tinturas hidroalcohólicas; una proporción media indicativa podría ser la de 1 a 20, es decir, se emplean 5 g de droga para obtener 100 ml de vino medicinal.

Las tinturas vinosas son agradables y aromáticas, generalmente. Se consumen a cucharadas o en copas de licor, antes o después de las comidas principales, teniendo siempre presente que se trata de sustancias medicamentosas y, por tanto, su consumo debe limitarse a las dosis aconsejadas.

Las tinturas vinosas pueden conservarse durante varios meses. Es posible, no obstante, que al cabo de cierto tiempo se forme en el fondo de la botella un ligero sedimento; no hay que preocuparse: basta, simplemente, con filtrar el líquido. Atención, no obstante, porque esta operación puede repetirse como máximo dos

chos preparados de hierbas son especialmente agradables si se utilizan en forma de tisana, es decir, en infusión o decocción mucho más diluida que la norma, cuya característica es ser agradable al paladar sin por ello dejar de ser saludable.

Jarabes

Son preparados líquidos dulces que normalmente contienen una elevada cantidad de azúcares y pueden presentarse en forma de soluciones, emulsiones o suspensiones. El sirope o jarabe es un sacarolito líquido, es decir, una solución de dos partes de azúcar y una de agua; puede ser simple o compuesto, según contenga una o más drogas. Los jarabes medicinales se preparan partiendo de extractos líquidos, de las tinturas de tipo medicinal estudiadas anteriormente o también de infusiones concentradas. Lo importante es mantenerse dentro de las dosis prescritas. Como alternativa al azúcar común, pueden usarse otros azúcares, como la glucosa, la fructosa o el sorbitol, dado que no alteran las características físicas de la solución. Para mejorar su aspecto y su sabor, o para estabilizar las propiedades que posee el jarabe, también se pueden añadir sustancias aromatizantes, edulcorantes o colorantes, siempre que sean compatibles con los medicamentos.

o tres veces, tras lo cual debe desecharse la tintura.

Dado que el primer objetivo de las preparaciones de hierbas destinadas al uso interno es resultar agradables, a veces es necesario corregir su sabor mediante un edulcorante como la miel, el azúcar o la sacarina.

También el regaliz, usando sus raíces desmenuzadas y el jugo obtenido de trozos pequeños o de extracto, es útil para enmascarar los sabores demasiado amargos, intensos y prolongados. Para mejorar el aroma también pueden emplearse pequeñas cantidades de menta, anís, tomillo, salvia, romero, canela, clavos de clavel, vainilla en rama y cortezas de cítricos frescas o secas. Al hacer la mezcla, es importante tener en cuenta la actividad de estas drogas, conciliándola con la de la preparación fundamental. Por ejemplo, una poción emoliente a base de malva quedará mejorada por la adición de regaliz, que tiene una actividad similar. Mu-

Aceites medicinales

Se trata de preparaciones farmacéuticas obtenidas mediante la acción disolvente del aceite sobre sustancias medicamentosas de diversa naturaleza.

Pueden obtenerse por solución, por digestión, por infusión y por cocción. Los aceites más usados como disolvente son el de oliva y el de semillas. Comúnmente se los clasifica como oleolitos simples y compuestos. Se emplean sobre todo para uso externo en fricciones. Aunque el aceite alcanforado se administra también como inyectable cardiotónico, el aceite de hígado de bacalao o de merluza yodado se administra por vía oral como reconstituyente. Diversos oleolitos, preparados por disolución de esencias en aceite en diferentes dosis, sirven para tratamientos aroma-cosméticos: se trata sobre todo de los de hipérico, árnica, lavanda, tomillo, salvia, pasionaria, etc. También se usan la glicerina y el vinagre como disolventes para fitocomplejos oficinales, con lo que se obtienen los glicerolitos y los acetolitos.

◀ *El alquimista que ha alcanzado la iluminación reina sobre la naturaleza (miniatura del siglo XVII).*

Remedios contra los insectos

Todas las plantas ricas en aceites esenciales mantienen alejados a los fastidiosos insectos estivales. Cuando se está junto a plantas de lavanda, menta, romero o también en un bosque de eucaliptos, no se suele sufrir el ataque de estos insectos. De hecho, estas plantas liberan un aceite volátil, perfumado para nosotros pero repelente para los insectos. Un remedio eficaz, por tanto, es tener en la habitación donde estemos un ramo de estas hierbas o bien humedecer papel absorbente con su aceite esencial y disponer pedazos de éste en lugares estratégicos. Para aplacar el dolor de las picaduras, está indicado el aceite de *Melaleuca alternifolia*. Este aceite, un potente antiséptico, bloquea el dolor y limita considerablemente el prurito, pero no se debe usar puro, sino diluido (alrededor del 5%) en forma de cremas, pomadas o gel, disponibles en farmacias.

Diccionario de las plantas medicinales

Esta tercera parte está dedicada a la descripción de algunas plantas y hierbas útiles para resolver los pequeños trastornos cotidianos. De cada planta se dice dónde localizarla, cuándo recogerla, cómo conservarla y qué propiedades posee. Por último, se añade una receta para su uso con fines curativos.

Abeto blanco — *Abies alba*

■ HÁBITAT — Zona mediterránea de los 800 a los 1.800 m de altitud.

■ PARTES UTILIZADAS — Acículas, resina fresca, yemas.

■ RECOGIDA — Primavera.

■ CONSERVACIÓN — Por secado a la sombra en finas capas.

■ PROPIEDADES — Antiséptico, antiespasmódico, diurético, expectorante, sudorífico.

■ USO INTERNO — Infusión, tintura y tintura vinosa.

RECETA

La infusión de yemas de abeto, obtenida introduciendo 30 g de yemas secas en 1 l de agua hirviendo, es beneficiosa contra la cistitis.

Acedera — *Rumex acetosa*

■ HÁBITAT — Prados y orillas de ríos y arroyos por debajo de los 2.000 m.

■ PARTES UTILIZADAS — Hojas, tallos, raíces.

■ RECOGIDA — Hojas y tallos en verano; las raíces en otoño.

■ CONSERVACIÓN — Hojas y tallos por desecación, a oscuras, en un lugar aireado; la raíz, por el contrario, se trocea y luego se seca.

■ PROPIEDADES — Diurética, febrífuga. Las hojas son depurativas, digestivas, laxantes, refrescantes, tónicas.

■ USO INTERNO Y EXTERNO — En infusión y decocción.

■ NOTA – Se desaconseja su uso a las personas que padezcan afecciones renales e intestinales.

RECETA

50 g de acedera cocidos en 1 l de agua son óptimos como cataplasma sobre una zona inflamada. Elevando la dosis a 100 g, será un añadido excelente en pediluvios o en el baño para quien sufra un exceso de sudoración.

Acederilla – *Oxalis acetosella*

■ HÁBITAT – Crece hasta los 2.000 m de altitud en zonas de montaña y premontaña.

■ PARTES UTILIZADAS – Hojas frescas.

■ RECOGIDA – Primavera y verano.

■ CONSERVACIÓN – No se aconseja secar las flores porque al hacerlo se pierden muchos principios activos.

■ PROPIEDADES – Astringente, depurativa, saciante, diurética, expectorante, febrífuga, refrescante.

■ USO INTERNO Y EXTERNO – Mediante jugos, infusiones, decocciones.

■ NOTA – Se desaconseja su uso a las personas que padezcan trastornos gástricos, pulmonares e urinarios.

RECETA

Cura desintoxicante de primavera. El tratamiento debe durar 3 semanas en las que se beben de 4 a 6 tazas al día (1 en el desayuno y 1 antes de irse a dormir) de decocción. Se prepara cociendo 30 g de raíces en 1 l de agua durante 5 minutos.

Acelga – *Beta vulgaris L.*

■ HÁBITAT – En muchos países no crece ya espontáneamente.

■ PARTES UTILIZADAS – En la cocina se utilizan diversas partes según la especie: las raíces de la acelga roja, las hojas de la de penca, etc.

■ PROPIEDADES – Aperitiva, antianémica, laxante, diurética, refrescante, remineralizante.

■ USO INTERNO – Decocción, jugo.

■ USO EXTERNO – Aplicación de las hojas cocidas sobre las quemaduras.

■ NOTA – Se desaconseja su uso a las personas que padezcan diabetes.

RECETA

Contra la cistitis, beber una decocción de acelga preparada haciendo hervir un puñado de hojas en 1 l de agua durante 15 minutos. Hay que beber 3 tazas al día.

Aciano – *Centaurea cyanus L.*

■ HÁBITAT – En campos en barbecho y en cultivos de cereales hasta los 1.000 metros de altitud.

■ PARTES UTILIZADAS – Las flores y las hojas.

■ RECOGIDA – Desde el mes de mayo, se recogen primero las flores y después las hojas.

■ CONSERVACIÓN – Se secan durante pocas horas en zonas sombreadas y aireadas.

■ PROPIEDADES – Calmante, antiinflamatorio, emoliente, depurativo, diurético.

■ USO INTERNO – Infusión y decocción de las hojas.

■ USO EXTERNO – Infusión de flores.

RECETA

En caso de conjuntivitis, lavar los ojos con una decocción de aciano, tras haberla filtrado adecuadamente. Hervir 30 g de flores secas en agua durante cerca de una hora.

Achicoria – *Cichorium intybus L.*

■ HÁBITAT – Hasta los 1.500 m en lugares no demasiado húmedos.

■ PARTES UTILIZADAS – Las flores, las hojas, las raíces.

■ RECOGIDA – Las hojas antes de la floración, las raíces al finalizar ésta.

■ CONSERVACIÓN – Las hojas no se conservan sino que se utilizan frescas, mientras que las

raíces se conservan en tarros bien cerrados y opacos.

■ PROPIEDADES – Depurativa, tónica, digestiva, laxante, colerética.

■ USO INTERNO – Decocción obtenida de las raíces; infusiones y tinturas con las hojas.

RECETA

Las raíces de la achicoria, desecadas y tostadas, pueden utilizarse como sucedáneo del café: 40 g en 1 l de agua hirviendo. Remedio óptimo para los diabéticos.

Ajenjo – *Artemisia adsinthium*

■ HÁBITAT – Crece entre las ruinas y a lo largo de los senderos hasta los 2.000 m de altitud.

■ PARTES UTILIZADAS – Las hojas y los ápices florales.

■ RECOGIDA – Las flores antes de la floración, las flores se recogen durante todo el periodo vegetativo.

■ CONSERVACIÓN – Las hojas se dejan secar a la sombra, mientras que las flores se secan al sol. Ambas se conservan en bolsas de plástico o en frascos de vidrio.

■ PROPIEDADES – Antiséptico, aromático, febrífugo, estimulante, tónico, vermífugo.

■ USO INTERNO – Infusión, decocción, tintura, jarabe.

RECETA

En caso de fiebre, beber 1 taza de infusión de ajenjo, obtenida dejando 10 g de flores secas en 1 l de agua durante 10 minutos.

Ajo – *Allium sativum*

■ HÁBITAT – El ajo cultivado es comestible, el silvestre no.

■ PARTES UTILIZADAS – Bulbos.

■ RECOGIDA – Abril/mayo a julio/agosto.

■ CONSERVACIÓN – Colgar los bulbos y secarlos en un lugar aireado.

■ PROPIEDADES – Antiséptico, expectorante, hipotensor, estimulante, tónico, vermífugo.

■ USO INTERNO – Infusión, decocción, extracto líquido, tintura.

■ USO EXTERNO – Aplicar sobre los callos y durezas protegiendo las zonas circundantes.

RECETA

Decocción de ajo contra el asma: hervir 25 g de dientes de ajo en un cazo con leche durante 15 minutos. Beber caliente todos los días hasta que la crisis haya pasado.

Alcaparra – *Capparis spinosa*

■ HÁBITAT – Se encuentra por debajo de los 300 m de altitud.

■ PARTES UTILIZADAS – Los frutos, las flores y la parte más externa de las raíces.

■ RECOGIDA – La recogida de las flores y las raíces se efectúa en los primeros periodos primaverales; la de los frutos se realiza poco después.

■ CONSERVACIÓN – Las partes recogidas deben dejarse reposar en un lugar seco sin contacto directo con la luz.

■ PROPIEDADES – Diurética, antiartrítica, aperitiva, tónica, digestiva y astringente.

■ USO EXTERNO – Los aceites que se obtienen de ella son ideales para aplicar masajes y lavar llagas.

■ NOTA – Las alcaparras, como todos sabemos, son muy apreciadas en la cocina; mezcladas con vinagre, mantequilla, nata, ajo y perejil triturados se obtiene una salsa ideal para acompañar las carnes hervidas.

RECETA

Contra las varices, aplicar sobre la zona una cataplasma obtenida de las raíces de alcaparra cocidas en poca agua.

Alcaravea – *Carum carvi*

■ HÁBITAT – A lo largo de los caminos y senderos de montaña.

■ PARTES UTILIZADAS – Frutos, raíces.

■ RECOGIDA – De mayo a septiembre.

■ CONSERVACIÓN – Secar a la sombra y conservar en lugar fresco y oscuro.

■ PROPIEDADES – Carminativa, digestiva.

■ USO INTERNO – Infusión, decocción.

En caso de acumulación de gases en el intestino, es útil beber 1 taza de infusión de alcaravea, obtenida dejando 30 g de semillas en 1 l de agua hirviendo durante 10 minutos. Debe tomarse después de la comida.

Alubia — *Phaseolus vulgaris L.*

- ▥ HÁBITAT — No crece espontáneamente.
- ▥ PARTES UTILIZADAS — Las semillas y la vaina.
- ▥ RECOGIDA — Entre junio y septiembre.
- ▥ CONSERVACIÓN — Las vainas se secan al sol y una vez desgranadas se conservan las semillas en frascos.
- ▥ PROPIEDADES — Hipotensor, diurético, vitamínico, emoliente.
- ▥ USO INTERNO — Jugo fresco (50 g al día durante la convalecencia).
- ▥ USO EXTERNO — Emplastos de semillas contra las inflamaciones.

RECETA

Cuando exista algún riesgo de que las chinches se instalen en nuestra cama, introducir hojas de judía dentro del colchón si es de lana, o debajo si es de material sintético.

Amapola — *Papaver rhoeas L.*

- ▥ HÁBITAT — Crece en los campos hasta los 1.700 m de altitud.

- ▥ PARTES UTILIZADAS — Pétalos, semillas y hojas.
- ▥ RECOGIDA — Entre mayo y julio.
- ▥ CONSERVACIÓN — Los pétalos se secan a la sombra dispuestos en finas capas; las semillas al sol; las hojas se utilizan frescas.
- ▥ PROPIEDADES — Descongestionante, antitusígena, ligeramente somnífera, expectorante, calmante.
- ▥ USO INTERNO — Infusión de los pétalos y las hojas.
- ▥ USO EXTERNO — Infusión de los pétalos para emplastos calmantes.

RECETA

Extender aceite de amapola, obtenido por prensado de las semillas, sobre las grietas de la piel, en especial las de las manos y los labios.

Angélica — *Angelica archangelica*

- ▥ HÁBITAT — Se encuentra en las zonas húmedas del sotobosque de las zonas más septentrionales del Mediterráneo.

■ PARTES UTILIZADAS – Toda la planta.

■ RECOGIDA – La raíz se recoge de agosto o septiembre cuando la planta es joven. El tallo, por el contrario, se recoge en junio y julio; las hojas entre mayo y junio; las semillas en agosto y septiembre.

■ CONSERVACIÓN – Raíces: secarlas al sol y conservarlas en bolsitas de papel. Tallo-hojas: se utilizan sólo frescos. Semillas: secar el corimbo, sacudirlo con cuidado, cribar y conservar en una bolsa de plástico.

■ PROPIEDADES – Antiséptica, aperitiva, carminativa, digestiva, eupéptica, estimulante, tónica.

■ USO INTERNO – Infusión, decocción, tintura vinosa de las raíces, infusión de semillas.

RECETA

En caso de menstruaciones dolorosas beber 2 tazas al día de infusión de angélica durante la semana anterior al inicio de la menstruación: dejar 5 g de hojas en 1 l de agua hirviendo durante 10 minutos.

Arándano – *Vaccinium myrtillus L.*

■ HÁBITAT – Crece en lugares frescos hasta los 1.800 m de altitud.

■ PARTES UTILIZADAS – Hojas, sean frescas o secas, y varas.

■ RECOGIDA – En los meses más cálidos, de junio a septiembre.

■ CONSERVACIÓN – Los frutos deben consumirse frescos, mientras que las hojas, una vez secadas al sol, se conservan en bolsas de tela.

■ PROPIEDADES – Los frutos son tónicos y astringentes; las hojas son astringentes, diuréticas, tónicas e hipoglucemiantes.

■ USO INTERNO – Infusiones, decocciones y zumos.

■ USO EXTERNO – Jugo y decocción de las hojas, para gargarismos y lavados.

El arándano es excelente para mejorar la vista. En especial, para mejorar la visión nocturna, se puede beber una decocción obtenida hirviendo 50 g de arándanos en agua durante 5 minutos y dejándolos en infusión durante 10 minutos.

Árnica – *Arnica montana*

■ HÁBITAT – En los terrenos ácidos de montaña, en general, de los 600 a los 2.800 m de altitud.
■ PARTES UTILIZADAS – Hojas, flores, raíces.
■ RECOGIDA – Las flores en julio, las raíces en septiembre.
■ CONSERVACIÓN – Secar rápidamente en un lugar sombreado y aireado.
■ PROPIEDADES – Astringente, cicatrizante, sudorífera.
■ USO INTERNO – Decocción, tintura.

Las pomadas a base de árnica son óptimas como antiinflamatorio y se usan en caso de contusiones, moraduras y tortícolis. Se expenden sin receta en farmacias.

Azafrán – *Crocus sativus L.*

■ HÁBITAT – No crece espontáneamente. Los mejores cultivos europeos se encuentran en Italia y España.
■ PARTES UTILIZADAS – Los estambres.
■ PROPIEDADES – Emenagogo, hipnótico, sedante, estimulante, tónico.
■ USO INTERNO – Jarabe.

Para calmar la tos, tomar dos cucharadas soperas diarias de jarabe de azafrán, que se prepara haciendo hervir 15 g de polvo de estambres en 1 l de agua durante 30 minutos. Después se filtra la mezcla, se le añade 1/2 kilo de azúcar, se lleva a ebullición y se embotella.

Berro – *Nasturtium officinale Br.*

■ HÁBITAT – En aguas limpias e inmóviles, en terrenos húmedos hasta los 2.300 m de altitud.
■ PARTES UTILIZADAS – Toda la planta salvo la raíz.
■ RECOGIDA – Entre abril y junio.
■ CONSERVACIÓN – Se utiliza sólo recién recogido.

■ PROPIEDADES – Detergente, estimulante, diurético, aperitivo, produce rubefacción, vitamínico.

■ USO EXTERNO – Aplicación de hojas recién cogidas y trituradas, decocciones y tinturas.

RECETA

Comidos crudos son una excelente ayuda para quienes sufren acné, pero no debe utilizarse nunca en caso de inflamación de las vías urinarias.

Borraja – *Borrago officinalis L.*

■ HÁBITAT – De las llanuras al comienzo de las faldas de las montañas.

■ PARTES UTILIZADAS – Las flores y las hojas.

■ RECOGIDA – Las hojas en junio-julio, las flores en primavera; las hojas no se secan, se utilizan frescas, las flores se secan en un lugar bien aireado.

■ PROPIEDADES – Depurativa, diurética, laxante, sudorífera.

■ USO INTERNO – Decocción e infusión para gargarismos.

■ USO EXTERNO – Aplicación de las hojas cocidas para combatir los dolores de la gota.

RECETA

En caso de fiebre, para hacer que descienda la temperatura del cuerpo es útil beber una infusión de borraja, obtenida añadiendo 30 g de flores a 1 l de agua.

Brezo – *Calluna vulgaris*

■ HÁBITAT – Terrenos ácidos, pinares y abetales hasta los 2.500 m de altura.

■ PARTES UTILIZADAS – Ápices florales con sus hojas.

■ RECOGIDA – De julio a octubre.

■ CONSERVACIÓN – Se consume fresco.

■ PROPIEDADES – Antiséptico, astringente, diurético.

■ USO INTERNO – Infusión.

■ USO EXTERNO – Aceites.

RECETA

Quien sufra de acné debe aplicarse dos veces al día, en los granos aún no abiertos, aceite de

brezo obtenido macerando 100 g de flores frescas en medio litro de aceite de oliva durante al menos 8 días con un bastoncillo de algodón embebido en éste. El producto se conservará en un recipiente bien cerrado guardado al abrigo de la luz.

Brusco – *Ruscus aculeatus L.*

■ HÁBITAT – En zonas boscosas hasta 800 m de altitud.

■ PARTES UTILIZADAS – Brotes y raíces.

■ RECOGIDA – Los brotes de marzo a mayo; las raíces entre septiembre y noviembre.

■ CONSERVACIÓN – El rizoma debe limpiarse y después secado al sol, mientras que los brotes se utilizan frescos.

■ PROPIEDADES – Aperitivo, febrífugo, proteínico y diurético.

■ USO INTERNO – Decocción y tintura de las raíces.

■ USO EXTERNO – Decocción del rizoma para combatir las hemorroides y la hinchazón de las piernas.

■ NOTA – Los brotes de brusco, de un característico sabor amargo, son muy buscados. Es aconsejable cocerlos atados en pequeños manojos, con la cima hacia arriba. Una vez hervidos pueden consumirse en ensalada.

RECETA

Para combatir las varices es útil beber 2 tazas al día de una decocción obtenida hirviendo 50 g de raíces en 1 l de agua durante 5 minutos dejándolos después en infusión durante unos 15 minutos.

Calabaza – *Cucurbita pepo L.*

■ HÁBITAT – Planta cultivada.

■ PARTES UTILIZADAS – Pulpa, semillas.

■ RECOGIDA – En el periodo estival-otoñal, según la siembra.

■ CONSERVACIÓN – Las semillas se dejan secar al sol y se guardan en frascos de vidrio; la pulpa se consume fresca.

■ PROPIEDADES – Laxante, sedante, vermífuga.

■ USO INTERNO – La calabaza, comida tanto cocida como cruda, es excelente en caso de cistitis, diarrea, nefritis y reumatismo.

■ USO EXTERNO – Cataplasma.

RECETA

Contra las quemaduras, aplicar una cataplasma de pulpa fresca directamente sobre la piel.

Caléndula – *Calendula officinalis L. Coltivata*

■ HÁBITAT – Prefiere el clima mediterráneo, donde puede encontrarse en los campos.

■ PARTES UTILIZADAS – Hojas y flores.

■ RECOGIDA – Las hojas y las flores se recogen en la primavera tardía y en verano, cuando ha concluido la floración.

■ CONSERVACIÓN – Las flores deben utilizarse apenas recogidas, mientras que las hojas se hacen secar y después se conservan en recipientes oscuros y opacos.

■ PROPIEDADES – Sudorífera, antiinflamatoria, cicatrizante, antiséptica.

■ USO INTERNO Y EXTERNO – Infusión, decocción y ungüentos.

■ NOTA – Tras haber limpiado con cuidado las flores, secarlas y guardarlas en un recipiente cerrado herméticamente después de cubrirlas de vinagre. Dejar reposar durante seis semanas. Se obtendrá un vinagre delicado, ideal para condimentar las verduras crudas.

RECETA

Contra los callos de los pies, aplicar cuatro veces al día hojas frescas de caléndula en la zona interesada. Cubrir muy bien el área circundante.

Camomila (manzanilla) – *Matricaria camomilla*

■ HÁBITAT – Puede encontrarse en casi cualquier entorno por debajo de los 250 m de altitud, pero ha de ser soleado.

- PARTES UTILIZADAS – Todas las flores.
- RECOGIDA – A fin de extraer todas las propiedades benéficas de las flores, la recogida se realiza cuando empiecen a abrirse éstas.
- CONSERVACIÓN – Se deben secar en lugares no expuestos a la luz solar directa y conservarse en lugares no húmedos.
- PROPIEDADES – Antiinflamatoria, digestiva, tónica, sedante, antineurálgica.
- USO EXTERNO – Las infusiones obtenidas de las flores son útiles contra las inflamaciones dentales.

RECETA

Las infusiones de flores de camomila son útiles para aclarar el cabello y en emplastos para los ojos, además de como sedante y digestivo suaves.

Castaño de Indias – *Aesculus hippocastanum*

- HÁBITAT – Se cultiva en los parques hasta los 800 m de altitud.

- PARTES UTILIZADAS – Corteza, semillas (castañas).
- RECOGIDA – Los frutos se recogen en octubre.
- CONSERVACIÓN – Secar al sol.
- PROPIEDADES – Antihemorrágico, aintiinflamatorio, astringente, vasoconstrictor.
- USO INTERNO – Decocción.
- USO EXTERNO – Infusión para el baño, decocción, emplasto.

RECETA

Para combatir los sabañones se puede utilizar un emplasto. Cocer en poca agua unos quince frutos pelados, aplastarlos y dejar que se enfríen. Luego se cubren los sabañones con el emplasto y se fija éste con una gasa.

Cebolla – *Allium cepa*

- HÁBITAT – No crece espontáneamente y necesita un suelo bien aireado y abonado.

■ PARTES UTILIZADAS – Los bulbos.

■ RECOGIDA – Una vez extraído el bulbo del terreno, antes de poder utilizarlo debe secarse a la luz solar durante casi una semana.

■ CONSERVACIÓN – Los bulbos deben conservarse en un lugar fresco y oscuro.

■ PROPIEDADES – Diurética, laxante, hipoglucemiante, contra los callos, expectorante, antiséptica.

■ USO INTERNO – Decocciones y tinturas.

■ USO EXTERNO – Aplicación directa del jugo para calmar el prurito causado por las picaduras de los insectos.

■ NOTA – La cebolla, aunque supone una aportación calórica moderada (cerca de 50 calorías por cada 100 g), es rica en vitaminas (del grupo C, B1, B2 y A) y sales minerales (hierro, fósforo y calcio).

RECETA

Contra las verrugas, aplicar sobre la parte afectada jugo fresco de cebolla.

Cebollino – *Allium schoenoprasum L.*

■ HÁBITAT – En zonas húmedas hasta los 2.000 m de altitud.

■ PARTES UTILIZADAS – Las hojas y los bulbos.

■ RECOGIDA – En los meses más cálidos.

■ CONSERVACIÓN – Las hojas sólo se utilizan frescas.

■ PROPIEDADES – Diurético, antiescorbútico, hipoglucemiante, expectorante, laxante, cicatrizante, antiséptico.

RECETA

El cebollino es un magnífico sucedáneo de la cebolla y más fácil de digerir. Como la cebolla es ideal para las picaduras de insectos; frotando el bulbo sobre la picadura se obtiene un alivio inmediato.

Centaurea menor – *Erythraea centaurium Pers.*

■ HÁBITAT – En zonas de colinas o montañosas por debajo de los 1.500 m de altitud.

- ■ PARTES UTILIZADAS – Flores.
- ■ RECOGIDA – En los meses de julio y agosto.
- ■ CONSERVACIÓN – Una vez secadas durante un par de semanas en un ambiente seco y oscuro, se conservan en frascos.
- ■ PROPIEDADES – Las flores, después de secas, son digestivas, febrífugas, coleréticas y depurativas; también son un desinfectante eficaz.
- ■ USO INTERNO – Tintura, infusiones y decocciones.
- ■ USO EXTERNO – Aplicación de flores frescas sobre las heridas.

RECETA

Contra los síntomas de la diarrea es útil beber, tres veces al día, una infusión de centaurea menor. Se obtiene dejando 40 g de ápices florales en 1 l de agua hirviendo durante 10 minutos.

Cilantro – *Coriandrum sativum L.*

- ■ HÁBITAT – Prados húmedos.
- ■ PARTES UTILIZADAS – Frutos.

- ■ RECOGIDA – En julio, porque cuando están demasiado maduros, los frutos caen espontáneamente.
- ■ CONSERVACIÓN – Los frutos deben secarse y conservarse en lugares húmedos y ventilados.
- ■ PROPIEDADES – Excitante, estimulante, digestivo, aromatizante, aperitivo, antiséptico, estomacal.
- ■ USO INTERNO – Infusión, decocción y tintura.

RECETA

Las semillas de cilantro son un eficaz remedio para los pies hinchados y cansados si se añaden a los pediluvios.

Correhuela mayor – *Convolvulus sepium*

- ■ HÁBITAT – En cualquier lugar hasta los 1.500 m de altitud.

- ■ PARTES UTILIZADAS – Raíces y hojas.
- ■ RECOGIDA – De junio a septiembre.
- ■ CONSERVACIÓN – Secar a la sombra en un lugar aireado.
- ■ PROPIEDADES – Colerético, laxante.
- ■ USO EXTERNO – Infusión.

RECETA

La correhuela mayor ayuda a depurar el hígado y es ideal contra el estreñimiento. Beber 3 tazas al día, una de ellas en el desayuno, de una infusión obtenida dejando 5 g de hojas en 1 l de agua hirviente durante 10 minutos.

Culantrillo – *Adiantum capillus veneris*

- ■ HÁBITAT – Lugares frescos y húmedos hasta los 1.300 m de altitud.
- ■ PARTES UTILIZADAS – Las frondas.
- ■ RECOGIDA – De junio a septiembre.

- ■ PROPIEDADES – Diurético, emenagogo, emoliente.
- ■ USO INTERNO – Decocción, infusión
- ■ USO EXTERNO – Decocción.

RECETA

Contra la caspa es ideal una loción de decocción de culantrillo obtenida cociendo 100 g de planta desecada en 1 l de agua durante 30 minutos. Filtrar y aplicar sobre el cabello recién lavado.

Diente de león – *Taraxacum officinale Weber*

- ■ HÁBITAT – Se puede encontrar en las cunetas de las carreteras hasta los 200 m de altitud.
- ■ PARTES UTILIZADAS – Las hojas, las flores y la raíz.
- ■ RECOGIDA – Las flores en primavera; las otras partes entre mayo y septiembre.

■ CONSERVACIÓN – Los frutos deben consumirse frescos; las flores se pueden consumir tanto frescas como secas, en cuyo caso las secaremos a la sombra y las guardaremos en tarros de vidrio; la raíz se seca al sol una vez cortada en rebanadas delgadas y después se conserva en bolsas de tela.

■ PROPIEDADES – Tónico, laxante, diurético, colerético.

■ USO INTERNO – Jugo y decocción de las hojas y las raíces.

■ USO EXTERNO – Aplicación del jugo fresco para combatir las verrugas.

RECETA

Para reducir el colesterol presente en la sangre, es útil beber, tres veces al día, una de ellas con el desayuno, una decocción de jaramago. Se prepara hirviendo 100 g de raíces en 1 l de agua durante 10 minutos.

Enebro – *Juniperus communis L.*

■ HÁBITAT – En cualquier lugar hasta los 2.400 m de altitud.

■ PARTES UTILIZADAS – Hojas y frutos.

■ RECOGIDA – Las hojas durante todo el año a excepción de los meses más fríos; los frutos sólo en otoño.

■ CONSERVACIÓN – Se seca en lugares aireados y sombreados y luego se guarda en recipientes de vidrio.

■ PROPIEDADES – Aperitivo, diurético, antirreumático, depurativo, balsámico.

■ USO INTERNO – Infusión, decocción.

■ USO EXTERNO – Fumigación con la corteza y las hojas.

RECETA

Para combatir el mal aliento, beber una taza de infusión de enebro después de las comidas, obtenida dejando 30 g de bayas en 1 l de agua hirviendo durante 10 minutos.

Eneldo – *Anethus graveolens*

■ HÁBITAT – En algunas zonas, es raro encontrarlo por debajo de los 600 m de altitud.

■ PARTES UTILIZADAS – Solamente las semillas.

■ RECOGIDA – En los meses de agosto y septiembre.

■ CONSERVACIÓN – Las semillas se secan a la sombra y se conservan en bolsas de papel.

■ PROPIEDADES – Antiinflamatorio, antiespasmódico, aromático, digestivo, disolvente, estomacal.

■ USO INTERNO – Infusión y tintura vinosa.

■ NOTA – Las semillas se usan también en la cocina para dar sabor a diversos platos.

RECETA

Contra las náuseas, beber una infusión de eneldo preparada hirviendo 30 g de semillas en 1 l de agua durante 10 minutos.

Escaramujo o rosa canina
– Rosa canina L.

■ HÁBITAT – Crece espontáneamente hasta los 1.500 m de altitud.

■ PARTES UTILIZADAS – Hojas, pétalos y semillas.

■ RECOGIDA – Los capullos, las hojas y las semillas en verano.

■ CONSERVACIÓN – Las hojas se usan frescas; las semillas se secan al sol y se guardan en frascos de vidrio; los pétalos se secan a la sombra dispuestos en finas capas.

■ PROPIEDADES – Los pétalos son laxantes, astringentes, refrescantes; las hojas son laxantes y refrescantes; las semillas son relajantes y vermífugas.

■ USO INTERNO – Infusión de todas las partes de la planta.

■ USO EXTERNO – Infusión de las hojas como antiinflamatorio.

■ NOTA – Para obtener miel rosada, dejar en infusión 50 g de pétalos de rosa canina en agua hirviendo. Tras un día entero, filtrar el líquido sobre un frasco de miel con un colador y dejar reposar todo unos días en un lugar oscuro.

RECETA

El jarabe de escaramujo es un remedio excelente contra la diarrea. Triturar 200 g de frutos y cocer el jugo así obtenido junto a un peso

igual de azúcar. Es importante remover hasta que se espese la mezcla y conservar ésta en un recipiente bien cerrado. La dosis aconsejada es de 3 cucharadas soperas al día.

Espinaca – *Spinacia oleracea L.*

- HÁBITAT – No crece espontáneamente.
- PARTES UTILIZADAS – Toda la planta, a excepción de las raíces.
- RECOGIDA – En diversos periodos del año según las semillas, pero, en todo caso, antes de la floración.
- CONSERVACIÓN – Se consume fresca.
- PROPIEDADES – Vitamínico, mineralizante y antianémica.
- NOTA – El agua de cocción de las espinacas puede utilizarse para enjuagar ropa de lana negra, que quedará luminosa y brillante.

RECETA

Las hojas embebidas en aceite de oliva, aplicadas directamente sobre la piel, alivian las quemaduras.

Espino albar o blanco
– *Crataegus monogyna*

- HÁBITAT – Presente en los bosques peninsulares e insulares.
- PARTES UTILIZADAS – Las flores y la corteza de ramas jóvenes.
- RECOGIDA – Las flores se recogen cuando están aún en capullo, la corteza en febrero.

- PROPIEDADES – Antiespasmódico, astringente, diurético, febrífugo, sedante.
- USO INTERNO – Infusión.
- USO EXTERNO – Infusión para baños.

RECETA

La angustia es uno de los males de nuestro siglo. Provoca un estado de profunda inquietud y ansiedad, a veces acompañado de dificultades respiratorias, sensación de opresión en el tórax, malestar de estómago y aceleración del latido cardíaco. La infusión de espino blanco, que debe tomarse 3 veces al día, una de ellas antes de dormir, se obtiene dejando 50 g de flores en 1 l de agua durante 15 minutos y es un sedante natural óptimo.

Estragón – *Artemisia dracunculus L.*

- HÁBITAT – Planta perenne original de Siberia, no crece espontáneamente.

■ PARTES UTILIZADAS – Flores y hojas

■ RECOGIDA – En los meses más cálidos.

■ CONSERVACIÓN – Tanto las flores como las hojas deben secarse en un lugar sombreado y aireado y después conservarse en bolsas de tela.

■ PROPIEDADES – Aromático, antiséptico, digestivo, aperitivo, antiespasmódico, estimulante.

■ USO INTERNO – Infusión y tintura.

RECETA

El estragón es una especia que suele usarse en la cocina para la preparación de salsas y frituras, asados, ensaladas y platos de pescado. También es un remedio excelente contra el hipo. Dejar en infusión, en 1 taza de agua hirviendo, 3 g de semillas de eneldo, anís verde y un pellizco de estragón. Se bebe caliente.

Eucalipto – *Eucaliptus globulus L.*

■ HÁBITAT – Planta procedente del hemisferio austral que se cultiva en el boreal en zonas costeras y de interior.

■ PARTES UTILIZADAS – Hojas.

■ RECOGIDA – Entre junio y octubre.

■ CONSERVACIÓN – Una vez limpias, las hojas se secan al sol durante unos días y luego se conservan en bolsitas.

■ PROPIEDADES – Antiparasitario, antidiabético, tónico, astringente, balsámico, sedante, anticatarral.

■ USO INTERNO Y EXTERNO – Infusión de las hojas.

RECETA

Para quien padece sinusitis se aconsejan inhalaciones de eucalipto, a base de 50 g de hojas en 1 l de agua hirviendo, tres veces al día.

Frambueso – *Rubus idaeus L.*

■ HÁBITAT – En las zonas de montaña y alpinas, en bosques de los 400 a los 2.000 m de altitud.

- PARTES UTILIZADAS – Flores, frutos, hojas.
- RECOGIDA – De agosto a septiembre.
- CONSERVACIÓN – Las hojas y las flores se secan a la sombra; los frutos se conservan frescos.
- PROPIEDADES – Antiescorbútico, astringente, depurativo, diurético, sudorífico, tónico.
- USO INTERNO – Decocción.
- USO EXTERNO – Infusión, loción.

RECETA

Para quienes tienen la piel grasa, un buen consejo es pasarse por la cara un trozo de algodón empapado en loción de frambueso obtenida hirviendo 20 g de hojas en 1 l de agua hirviendo durante 10 minutos. Repetir el proceso todas las noches, antes de irse a la cama.

Fresal – *Fragaria vesca L.*

- HÁBITAT – En bosques hasta los 1.500 m de altitud.
- PARTES UTILIZADAS – Hojas, frutos y raíces.
- RECOGIDA – Las hojas en primavera, los frutos entre finales de mayo y julio y las raíces en septiembre.
- CONSERVACIÓN – Las raíces y las hojas deben secarse al sol, mientras que los frutos se consumen frescos.
- PROPIEDADES – Los frutos son diuréticos, refrescantes, nutritivos y depurativos para la sangre; las hojas son astringentes y antirreumáticas.

- USO INTERNO – Infusión.
- USO EXTERNO – Decocción, pulpa.

RECETA

Para eliminar el sarro dentario habituarse a lavarse los dientes con una fresa, luego aplastar el fruto sobre el cepillo y frotar.

Genciana – *Gentiana lutea L.*

- ▨ HÁBITAT – Crece hasta los 2.500 m de altitud. Crece también en islas, en terrenos soleados y calcáreos.
- ▨ PARTES UTILIZADAS – Raíces.
- ▨ RECOGIDA – En otoño y en primavera. La recogida de las raíces debe ser muy moderada, ya que la planta pertenece a una especie protegida.
- ▨ CONSERVACIÓN – Una vez secada al sol, debe conservarse en un lugar seco y protegido porque es muy sensible a la humedad.
- ▨ PROPIEDADES – Colerético, aperitivo, vermífugo, febrífugo, aromático.
- ▨ USO INTERNO – Decocción, jarabe.

RECETA

La infusión de raíces de genciana (50 g en 1 l de agua hirviendo), aplicada 2 veces al día, aclara las pecas. Se utiliza tibia y se conserva durante dos días.

Girasol – *Helianthus annuus L.*

- ▨ HÁBITAT – No crece espontáneamente.
- ▨ PARTES UTILIZADAS – Las flores y las semillas.
- ▨ RECOGIDA – Las semillas en otoño y las flores entre junio y agosto.
- ▨ CONSERVACIÓN – Las flores se secan al sol; las semillas en ambientes aireados y después se conservan en frascos de vidrio.
- ▨ PROPIEDADES – Diurético, carminativo, antineurálgico. El aceite obtenido de las semillas se usa para la prevención de la arteriosclerosis.

- ▨ USO INTERNO – Infusión de las flores y las semillas.
- ▨ USO EXTERNO – Emplastos con infusión de flores contra las inflamaciones cutáneas.

RECETA

Contra los espasmos nerviosos, y en general para reequilibrar el sistema nervioso, beber 2 tazas al día de decocción de girasol. Cocer 20 g de semillas tostadas y pulverizadas en 1 l de agua durante 5 minutos; una vez tibio el líquido, filtrarlo bien.

Grosellero negro – *Ribes nigrum L.*

- ▨ HÁBITAT – Crece espontáneamente en las zonas umbrías, hasta los 1.500 m de altitud.
- ▨ PARTES UTILIZADAS – Los frutos y las hojas.
- ▨ RECOGIDA – Los frutos en primavera; las hojas entre abril y junio.

■ CONSERVACIÓN – Los frutos se utilizan sólo frescos, mientras que las hojas se dejan secar a la sombra.

■ PROPIEDADES – Las hojas son antirreumáticas, diuréticas e hipotensoras; los frutos, laxantes y tónicos.

■ USO EXTERNO – Aplicación de las hojas contra las picaduras de insectos; infusión de las hojas como anticongestivo.

■ NOTA – El grosellero negro tiene un sabor muy ácido, pero es óptimo para preparar mermeladas y jarabes.

RECETA

Para mejorar la elasticidad y el tono de los vasos sanguíneos, beber 3 tazas al día, una de ellas con el desayuno, de infusión de grosellero negro. Se obtiene dejando 50 g de hojas desecadas en 1 l de agua hirviendo durante unos 10 minutos. El tratamiento debe durar 20 días.

Grosellero rojo – *Ribes rubrum L.*

■ HÁBITAT – Crece en el sotobosque hasta los 200 m de altitud.

■ PARTES UTILIZADAS – Frutos.

■ RECOGIDA – Durante los meses más cálidos.

■ CONSERVACIÓN – Es aconsejable consumir los frutos recién recogidos.

■ PROPIEDADES – Depurativo, diurético, digestivo, vitamínico.

■ USO INTERNO – Preparación de jarabes, mermeladas y decocciones.

■ USO EXTERNO – Aplicación de la pulpa contra el enrojecimiento cutáneo.

RECETA

Para paliar una dermatosis, puede resultar útil beber durante una semana zumo fresco de grosellero rojo. La dosis aconsejada es de 250 g diarios, puro o diluido en agua, pero nunca azucarado, consumido en 4 veces a lo largo del día, una de ellas con el desayuno.

Guisante – *Pisum sativum L.*

▪ HÁBITAT – No crece espontáneamente.

▪ PARTES UTILIZADAS – Semillas.

▪ RECOGIDA – Cuando las semillas están maduras.

▪ CONSERVACIÓN – Las vainas, una vez desgranadas, se secan y se conservan en bolsas de papel.

▪ PROPIEDADES – Nutriente, resolutivo, tónico.

▪ USO EXTERNO – Decocción, máscara para el rostro.

▪ NOTA – Los guisantes frescos son muy ricos en hierro, fósforo, potasio y calcio, vitamina C, PP y B_1. Aportan cerca de 100 calorías por cada 100 g.

RECETA

Contra los puntos negros es excelente una mascarilla obtenida reduciendo a polvo los guisantes desecados y añadiéndoles un poco de agua. Aplicar una capa ligera sobre el rostro y dejarla actuar durante 15 minutos.

Haya – *Fagus sylvatica L.*

▪ HÁBITAT – Crece en zonas montañosas hasta los 1.800 m de altura.

▪ PARTES UTILIZADAS – La corteza de las ramas.

▪ RECOGIDA – En febrero.

▪ PROPIEDADES – Antiséptico, aperitivo, astringente, febrífugo.

▪ USO INTERNO – Decocción.

RECETA

Contra las pequeñas excoriaciones de la boca, beber una decocción de haya. Hervir 30 g de corteza, bien limpia pero no lavada, en 1 l de agua durante 15 minutos.

Helecho macho – *Dryopteris filix-mas*

■ HÁBITAT – Crece en zonas sombreadas y en terrenos húmedos y frescos.

■ PARTES UTILIZADAS – Rizoma y frondas.

■ RECOGIDA – Todo el año para su uso inmediato; en otoño para su conservación.

■ CONSERVACIÓN – Las hojas se limpian sin usar agua y se secan a la sombra en un lugar muy aireado.

■ PROPIEDADES – Antiparasitario, detergente, vermífugo.

■ USO EXTERNO – Baños, lociones, infusiones.

RECETA

La gota es una enfermedad debida al exceso de ácido úrico en el organismo. Ataca en especial las articulaciones produciéndoles inflamaciones repetidas y dolorosas, sobre todo en la zona de los pulgares de los pies. La aplicación de una loción de helecho macho puede aliviar la zona dolorida. Hervir durante 20 minutos un rizoma de helecho en 1 l de agua; filtrar y aplicar.

Hiedra – *Hedera helix*

■ HÁBITAT – En cualquier lugar sombreado.

■ PARTES UTILIZADAS – Hojas frescas.

■ RECOGIDA – De agosto a septiembre.

■ CONSERVACIÓN – Se consume fresca.

■ PROPIEDADES – Analgésica, antiespasmódica, emenagoga.

■ USO INTERNO – Infusión, decocción.

■ USO EXTERNO – Infusión, cataplasma.

RECETA

Contra la antiestética celulitis, aplicar, 2-3 veces a la semana, una cataplasma de hiedra obtenida de hojas trituradas.

Hinojo – *Foeniculum vulgare Mill.*

■ HÁBITAT – Crece espontáneamente hasta los 800 m de altitud en zonas soleadas cercanas al mar.

■ PARTES UTILIZADAS – Hojas, raíces, frutos.

■ RECOGIDA – Las hojas en primavera; los frutos y las raíces en otoño.

■ CONSERVACIÓN – Las flores se utilizan frescas; las raíces se secan al sol.

■ PROPIEDADES – Digestivo, diurético, antiespasmódico, aperitivo.

■ USO INTERNO – Decocción de raíces.

■ USO EXTERNO – Infusión de los frutos.

RECETA

La contaminación de las ciudades, la iluminación insuficiente y una permanencia demasiado prolongada ante la pantalla del ordenador provocan irritaciones oculares y cansan la vista. Tras lavarse los ojos, aplicar durante 15 minutos una compresa empapada en infusión de hinojo obtenida dejando 10 g de semillas 10 minutos en una cazuela de agua hirviendo.

Hipérico – *Hypericum perforatum L.*

■ HÁBITAT – Crece desde el mar hasta la zona alpina en lugares secos, en los claros de los bosques, al borde de las carreteras.

■ PARTES UTILIZADAS – Flores y hojas.

■ RECOGIDA – Los ápices florales se recogen en junio-julio cuando buena parte de las flores están ya abiertas y antes de que se marchiten. Las hojas, por el contrario, se recogen de junio a septiembre.

■ CONSERVACIÓN – Formar manojos y secarlos a la sombra.

■ PROPIEDADES – Aromatizante, digestivo, antiespasmódico, hipotensor, astringente, cicatrizante, antidepresivo, lenitivo.

RECETA

De la planta del hipérico se obtiene un excelente licor. Se dejan macerar 15 g de flores secas y un limón cortado en delgadas rodajas en un 1 l de buen orujo. Al cabo de un mes, se filtra todo y se añade una dosis adecuada de azúcar. Se consume en pequeñas dosis antes o después de las comidas.

Jazmín – *Jasminum officinale L.*

■ HÁBITAT – Terrenos secos y rocosos.

■ PARTES UTILIZADAS – Flores.

■ RECOGIDA – Las flores deben recogerse en primavera o, durante su época de floración, por la mañana, cuando se seca el rocío, o a la caída de la tarde.

■ CONSERVACIÓN – De las flores recién recogidas se extrae la esencia.

■ PROPIEDADES – Astringente y ligeramente sedante.

■ USO INTERNO – Infusión.

En caso de dolor de cabeza, beber 1 taza de infusión de jazmín (15 g de flores secas en 1 l de agua hirviendo durante 10 minutos) y relajarse en un lugar tranquilo.

Laurel – *Laurus nobilis*

- HÁBITAT – Mediterráneo.
- PARTES UTILIZADAS – Hojas, frutos.
- RECOGIDA – Las hojas en cualquier momento, los frutos entre octubre y noviembre.
- CONSERVACIÓN – Las hojas se secan a la sombra en un lugar bien aireado, los frutos se secan al horno, a temperatura moderada.
- PROPIEDADES – Antiséptico, aperitivo, digestivo, estimulante, estomacal.
- USO INTERNO – Infusión de las hojas.
- USO EXTERNO – Decocción y tintura oleosa de las hojas.

Para una buena digestión, beber, tras cada comida principal, una infusión de laurel obtenida con 30 g de hojas secas o frescas, que se dejan en 1 l de agua hirviendo durante 5 minutos.

Lavanda – *Lavandula officinalis Chaix*

- HÁBITAT – Especialmente hasta los 1.800 m de altitud.
- PARTES UTILIZADAS – Ápices florales, flores peladas.
- RECOGIDA – De julio a agosto.
- CONSERVACIÓN – Secar en lugar seco.
- PROPIEDADES – Antiséptico, antiespasmódico, cicatrizante, diurético, insecticida.
- USO EXTERNO – Infusión, decocción.

Un remedio para cicatrizar una llaga, un corte o una excoriación superficiales es realizar lavados con decocción de lavanda, fácil de obtener cociendo 60 g de ápices florales en 1 l de agua hirviendo durante 10 minutos.

Madreselva – *Lonicera periclymenum*

▨ HÁBITAT – En todas partes hasta los 1.000 m de altitud.
▨ PARTES UTILIZADAS – Hojas, flores.
▨ RECOGIDA – Junio a julio.
▨ CONSERVACIÓN – Tanto las flores como las hojas se secan a la sombra.
▨ PROPIEDADES – Antiséptica, astringente, detergente, diurética, sudorífera.
▨ USO INTERNO – Decocción e infusión.

RECETA

Contra las toses espasmódicas es útil beber 3 tazas al día, fuera de las comidas, de una in-

fusión de madreselva obtenida dejando 5 g de flores en agua hirviendo durante 5 minutos.

Madroño – *Arbutus unedo L.*

▨ HÁBITAT – En las zonas llanas con clima suave.
▨ PARTES UTILIZADAS – Frutos, hojas, corteza y raíces.
▨ RECOGIDA – Las hojas de mayo a agosto; la corteza en los meses sucesivos.
▨ CONSERVACIÓN – Los frutos se consumen frescos; la corteza y las raíces deben secarse al sol.
▨ PROPIEDADES – Diurético, antiinflamatorio, depurativo, antiséptico.
▨ USO INTERNO – Decocciones e infusiones de las raíces y las hojas.
▨ USO EXTERNO – Confitura de los frutos.

RECETA

El madroño puede ser útil para quien sufra de insuficiencia renal o sea propenso a tener cálculos y, por tanto, padecer cólicos. Se aconseja un tratamiento de 3 semanas, que se repetirá periódicamente a lo largo del año. Beber 3 tazas al día de infusión de madroño obtenida dejando 20 g de frutos en 1 l de agua hirviendo durante 10 minutos.

Malva – *Malva silvestris L.*

■ HÁBITAT – En terrenos sin cultivar hasta los 1.200 m de altitud.
■ PARTES UTILIZADAS – Flores, hojas y raíces.
■ RECOGIDA – Las hojas en verano, inmediatamente después las raíces; las flores de abril a octubre.
■ CONSERVACIÓN – Las raíces deben secarse al sol o en el horno; las hojas y las flores deben secarse al abrigo de los rayos del sol y después conservarse en recipientes de vidrio.
■ PROPIEDADES – Pectoral, diurético, laxante, emoliente, sedante.
■ USO INTERNO – Infusión.
■ USO EXTERNO – Decocción, cataplasma.

RECETA

La malva puede favorecer la maduración del absceso cutáneo y la evacuación de su contenido. Escaldar en una cazuela raíces y flores frescas de malva, machacarlas bien y ponerlas sobre el absceso. Para mantenerlo sobre la zona afectada, se usa gasa y se renueva el emplasto cada 2 o 3 horas.

Margarita de los prados (bellorita) – *Bellis perennis L.*

■ HÁBITAT – Prados y zonas húmedas hasta los 2.000 m de altura.
■ PARTES UTILIZADAS – Flores, hojas y tallos.
■ RECOGIDA – De abril a agosto.
■ CONSERVACIÓN – La planta se seca a la sombra y después se conserva en frascos de cristal.

■ PROPIEDADES – Refrescante, diurético, tónico, cicatrizante, astringente, antiinflamatorio.

■ USO INTERNO – Infusión para la preparación de apliques y colutorios.

■ USO EXTERNO – Decocción.

RECETA

No se debe pellizcar un forúnculo nunca. Para acelerar su maduración, aplicar una compresa embebida en una decocción obtenida haciendo hervir 150 g de flores y hojas secas en 1 l de agua durante 5 minutos.

Mastuerzo – *Tropaeolum majus L.*

■ HÁBITAT – En muchos países no crece espontáneamente.

■ PARTES UTILIZADAS – Las hojas y los capullos.

■ RECOGIDA – Las hojas en abril, los capullos en mayo.

■ CONSERVACIÓN – Los capullos se conservan en vinagre; las hojas se consumen frescas, en ensalada.

■ PROPIEDADES – Expectorante, tónico, antiespasmódico, tusígeno.

■ USO INTERNO – Decocción e infusión de las hojas.

■ USO EXTERNO – Decocción de las hojas para combatir los sabañones.

■ NOTA – Tanto las hojas como las flores tienen un sabor picante. En la tradición popular se utilizaban para estimular el apetito, facilitar la digestión y conciliar el sueño.

RECETA

Para combatir la caída del cabello puede ser útil aplicar una loción de mastuerzo. Dejar macerar 50 g de flores, de hojas y de serpol junto con 50 g de varas y ápices florales en 1 l de alcohol de 60° durante unos 10 días. Luego se puede filtrar el conjunto.

Mejorana – *Origanum majorana L.*

■ HÁBITAT – Terrenos de clima mediterráneo hasta los 800 m de altitud.

■ PARTES UTILIZADAS – Las flores.

- RECOGIDA – En los meses más cálidos.
- CONSERVACIÓN – Las flores, una vez recogidas, se agrupan en manojos y se dejan secar en un lugar seco dentro de bolsas de papel.
- PROPIEDADES – Calmante, carminativa, estomacal, aromática, expectorante, sedante.
- USO INTERNO – Infusión.
- USO EXTERNO – Infusión y tintura.

RECETA

Nos aseguraremos un sueño tranquilo si bebemos cada noche antes de acostarnos una infusión preparada haciendo hervir 50 g de ápices florales en 1 l de agua durante 10 minutos. Añadiendo la infusión al agua del baño obtendremos un efecto tonificante y perfumado.

Melón – *Cucumis melo L.*

- HÁBITAT – No crece espontáneamente.
- PARTES UTILIZADAS – La pulpa y los frutos.
- RECOGIDA – Los frutos se recogen entre junio y septiembre; las semillas se extraen de los frutos maduros.
- CONSERVACIÓN – Debe consumirse fresco.
- PROPIEDADES – Calmante, diurético y laxante.
- USO INTERNO – Zumo obtenido de la pulpa.
- USO EXTERNO – La aplicación de puré obtenido de la pulpa madura es ideal para las desolladuras y las hemorroides.

RECETA

Para la piel especialmente seca, lavar el rostro con una loción de melón obtenida mezclando 200 g de zumo de melón con 200 g de agua de lluvia y 200 g de leche fresca. Agitar el compuesto antes de usarlo.

Menta – *Mentha*

- HÁBITAT – Crece en cualquier lugar.
- PARTES UTILIZADAS – Las flores y las hojas.
- RECOGIDA – En los meses más cálidos.
- CONSERVACIÓN – La planta, agrupada en manojos, debe secarse en un lugar ventilado y conservarse en frascos de vidrio.
- PROPIEDADES – Carminativa, digestiva, estimulante, tónica, antiséptica.
- USO INTERNO – Infusión y tintura de las flores.
- USO EXTERNO – Infusiones y decocciones de las hojas para lavados y gargarismos.

La hemicrania, una especie de migraña, es un dolor de cabeza que afecta en general a un solo lado del rostro, puede atenuarse con una infusión de menta. Dejar 20 g de hojas en 1 l de agua hirviendo durante 10 minutos; beber 1 taza y recostarse en un lugar oscuro y fresco.

Mirto – *Myrtus communis L.*

■ HÁBITAT – Crece a lo largo de los ríos, hasta los 1.000 m de altitud.

■ PARTES UTILIZADAS – Hojas y frutos.

■ RECOGIDA – Las hojas se recogen todo el año, mientras que los frutos sólo entre septiembre y noviembre.

■ CONSERVACIÓN – Todas las partes han de consumirse frescas.

■ PROPIEDADES – Las hojas son aromáticas, astringentes, refrescantes y balsámicas; los frutos, desinfectantes y estimulantes.

■ USO INTERNO – Decocción y tintura de las hojas.

■ USO EXTERNO – Infusión y decocción de las hojas.

■ NOTA – En algunos lugares se utiliza para preparar piezas de caza. Además, de las varas se obtiene un licor muy aromático.

RECETA

Para paliar las llagas provocadas por la psoriasis, aplicar en la zona compresas empapadas en infusión de mirto. Dejar en infusión 30 g de hojas en 1 l de agua hirviendo durante unos 10 minutos.

Morera – *Morus nigra L.*

■ HÁBITAT – Crece en climas húmedos y cálidos.

■ PARTES UTILIZADAS – Raíces, corteza de las raíces y las ramas, hojas y frutos (moras).

■ RECOGIDA – La corteza y las hojas en primavera, los frutos tras su maduración.

■ CONSERVACIÓN – La raíz, la corteza y los frutos se consumen frescos; las hojas se secan al sol y se conservan en frascos de vidrio.

PROPIEDADES – Las hojas: astringentes e hipoglucemiantes; la raíz: purgante y diurética; la corteza: desinfectante y cicatrizante.

USO INTERNO – Infusión de las hojas, decocción de las raíces y jarabe de los frutos.

USO EXTERNO – Emplastos de hojas cocidas contra las irritaciones de la piel; zumo de los frutos para lavados y gargarismos.

RECETA

Los gargarismos con jugo de moras ayudan a curar las aftas.

Muérdago – *Viscum album L.*

HÁBITAT – En los árboles de las regiones centro-meridionales hasta los 1.300 m de altitud.

PARTES UTILIZADAS – Las hojas.

RECOGIDA – Se recogen antes de la formación de los frutos.

CONSERVACIÓN – Se secan a temperatura media.

PROPIEDADES – Antiespasmódico, diurético, hipotensor, purgante.

USO INTERNO – Infusión, tintura vinosa.

USO EXTERNO – Decocción.

RECETA

Para combatir los sabañones, cocer a fuego lento 100 g de planta fresca en 1 l de agua durante 1 hora, filtrar y sumergir los pies en el líquido todas las mañanas durante 10 minutos.

Olivo – *Olea europaea L.*

HÁBITAT – Crece en climas templados y próximos al mar.

PARTES UTILIZADAS – Corteza, hojas y frutos.

RECOGIDA – Las hojas pueden recogerse durante todo el año; los frutos en otoño y la corteza en primavera y otoño.

CONSERVACIÓN – La corteza y las hojas se consumen frescas; los frutos en salmuera.

PROPIEDADES – El aceite obtenido de los frutos es laxante y emoliente; las hojas son diu-

réticas, hipoglicémicas y febrífugas; la corteza es astringente y febrífuga.

- USO INTERNO – Decocción y tintura de la corteza.
- USO EXTERNO – Decocción de las hojas como medicamento contra las llagas y las heridas.

RECETA

Para facilitar el bronceado, se puede extender sobre la piel una loción obtenida mezclando a partes iguales aceite de oliva y aceite de aguacate.

Orégano – *Origanum vulgare L.*

- HÁBITAT – En los bosques hasta los 1.800 m de altitud.
- PARTES UTILIZADAS – Las flores y las hojas.
- RECOGIDA – En los meses más cálidos.

- CONSERVACIÓN – Se recoge en verano y se deja secar en manojos en un lugar seco. Se conserva en tarros de cristal.
- PROPIEDADES – Carminativo, tónico, antiparasitario, purgante, excitante, digestivo, sudorífero.
- USO INTERNO – Infusión y tintura de las flores; decocción de las flores para gargarismos y lavados.
- USO EXTERNO – Las flores también se emplean para teñir la lana de un color pardo rojizo.

RECETA

Para curar rápidamente la tortícolis, aplicar un emplasto de ápices florales recién cogidos, escaldados durante poco tiempo en una cazuela.

Ortiga – *Urtica dioica L.*

- HÁBITAT – Crece espontáneamente en todas las condiciones climáticas y sobre cualquier terreno.
- PARTES UTILIZADAS – Raíces, tallo, hojas y flores.
- RECOGIDA – Las raíces y las semillas se recogen de agosto a noviembre; las partes aéreas de mayo a julio.
- CONSERVACIÓN – Las raíces se secan al sol; las partes aéreas de la planta, una vez recogidas en manojos, se dejan en un lugar seco y sombreado y luego se conservan en bolsas de tela.
- PROPIEDADES – Hipotensora, astringente, hipoglicémica, antirreumática, remineralizante y tónica,

USO INTERNO – Decocción de las raíces y las partes aéreas.

■ USO EXTERNO – Infusión y decocción, y tintura de las raíces. Aplicación de las hojas maceradas para combatir las picaduras de avispa.

■ NOTA – La ortiga contiene numerosos principios útiles para la salud y la belleza: es un excelente remedio contra la artrosis y el reumatismo, contra el dolor de dientes, la caspa, los pies cansados y los tobillos hinchados.

RECETA

En primavera puede ser útil una cura desintoxicante a base de decocción de ortiga obtenida cociendo 50 g de raíces y de hojas en 1 l de agua durante 4 minutos. La cura durará 3 semanas en las que se consumirá 1 taza de decocción de 4 a 6 veces al día, una de ellas con el desayuno y otra antes de acostarse. Durante el tratamiento, la alimentación debe ser rica en verduras frescas y escasa en proteínas.

Pamplina – *Stellaria media*

■ HÁBITAT – Casi en todas partes, en terrenos húmedos hasta los 2.000 m de altitud.
■ PARTES UTILIZADAS – Toda la planta, tanto fresca como seca.
■ RECOGIDA – En primavera.
■ CONSERVACIÓN – Secar a la sombra, en un lugar aireado.
■ PROPIEDADES – Diurética, tónica.
■ USO INTERNO Y EXTERNO – Jugos, decocciones e infusiones.

RECETA

En caso de contusiones, aplicar directamente sobre la parte afectada una mezcla de hojas frescas de pamplina machacadas en un mortero.

Patata – *Solanum tuberosum L.*

■ HÁBITAT – No crece espontáneamente.

■ PARTES UTILIZADAS – Tubérculos.

■ RECOGIDA – En primavera y en verano.

■ CONSERVACIÓN – Los tubérculos se conservan en un lugar seco.

■ PROPIEDADES – Antiinflamatorio.

■ USO INTERNO – Jugo y decocción de los tubérculos.

■ USO EXTERNO – Infusión del tubérculo para aliviar las quemaduras, los sabañones y el agrietamiento de la piel.

■ NOTA – El agua de cocción de la patata es ideal para limpiar la plata, mientras que para el vidrio son ideales los trozos de patata cruda.

RECETA

En caso de cólico, aplicar sobre el abdomen, entre dos trozos de gasa, algunas patatas cocidas y algunas machacadas.

Pensamiento
– Viola tricolor L. var. arvensis (Murr.)

■ HÁBITAT – Hasta los 1.600-1.800 m de altitud, especialmente en la mitad norte de España.

■ PARTES UTILIZADAS – Flores, planta florida.

■ RECOGIDA – De abril a octubre.

■ CONSERVACIÓN – Tanto la planta como las flores deben secarse rápidamente en un lugar muy aireado.

■ PROPIEDADES – Antiespasmódico, cicatrizante, depurativo, diurético, febrífugo, laxante, sudorífero, tónico.

■ USO INTERNO – Infusión, decocción.

■ USO EXTERNO – Aplicación de las hojas crudas para curar las pequeñas llagas de la piel.

RECETA

En caso de urticaria, tomar 3 tazas al día de infusión de pensamiento, preparada dejando 50 g de flores en 1 l de agua hirviendo durante 10 minutos.

Pepino – *Cucumis sativus L.*

◼ HÁBITAT – En la mayoría de los países sólo se da cultivado.

◼ PARTES UTILIZADAS – Semillas y frutos.

◼ RECOGIDA – Los frutos recogidos un mes después de la fructificación deben consumirse frescos, mientras que los utilizados para preparaciones en aceite o en vinagre se recogerán 15 días después de ésta.

◼ CONSERVACIÓN – Los frutos se consumen frescos o conservados en vinagre o aceite, mientras que las semillas se conservan en lugares aireados y secos.

◼ PROPIEDADES – Refrescante, depurativo, emoliente.

◼ USO INTERNO – Zumos y decocciones.

◼ USO EXTERNO – Pulpa y jugo.

RECETA

Para tonificar y limpiar la piel del rostro y el contorno de los ojos, aplicar directamente sobre la piel el pepino fresco cortado en rodajas.

Perejil – *Petroselinum hortense Hoffm*

◼ HÁBITAT – Terrenos áridos hasta los 800 m de altitud.

◼ PARTES UTILIZADAS – Raíces, hojas y frutos.

◼ RECOGIDA – Las raíces en primavera y otoño; las hojas a comienzos de la primavera; los frutos en verano. La recogida de las diversas partes se realiza sólo durante el primer y el segundo años de vida de la planta.

◼ CONSERVACIÓN – Las raíces deben secarse a la sombra y conservarse en bolsitas; los frutos al sol y guardarse en frascos de vidrio; en cuanto a las hojas, es preferible consumirlas frescas, ya que de lo contrario pierden la mayor parte de sus propiedades.

◼ PROPIEDADES – Las raíces son diuréticas, aperitivas, sudoríferas; las hojas son febrífugas y vitamínicas; los frutos son carminativos y estomacales.

◼ USO INTERNO – Decocción e infusiones.

◼ USO EXTERNO – Aplicación de las hojas como antiséptico y cicatrizante, mientras que

para combatir las inflamaciones es ideal el jugo fresco de las hojas.

RECETA

Para aclarar la piel es útil una loción de perejil obtenida haciendo macerar 100 g de hojas durante 15 minutos en 1 l de agua; añadiendo a la loción un poco de zumo extraído de las hojas frescas se pueden aclarar las pecas y las manchas de la piel.

Pimiento
– *Capsicum annuum L. var. longum (DC)*

▓ HÁBITAT – No crece espontáneamente.
▓ PARTES UTILIZADAS – Fruto.
▓ RECOGIDA – A finales del verano.
▓ CONSERVACIÓN – En recipientes de lata, enteros o cortados en trozos, lo importante es no guardarlo en lugares húmedos.

▓ PROPIEDADES – Estomacal, aperitivo, inductor del estornudo.
▓ USO INTERNO – Decocción y tintura.
▓ USO EXTERNO – Infusión y ungüentos contra las ampollas.

RECETA

Para combatir la caída del cabello puede ser útil una fricción con un preparado de pimiento. Macerar durante 10 días 15 g de pimiento en alcohol y filtrar después.

Puerro – *Allium porrum L.*

▓ HÁBITAT – No crece espontáneamente.
▓ PARTES UTILIZADAS – Toda la planta.
▓ RECOGIDA – Entre junio y agosto.
▓ CONSERVACIÓN – Se utiliza sólo fresco.
▓ PROPIEDADES – Diurético, antiséptico, refrescante.
▓ USO INTERNO – Jugo, decocción y tintura vinosa.
▓ USO EXTERNO – Aplicaciones de la decocción contra la tortícolis, los forúnculos y los dolores renales.

Contra la artritis o la predisposición a las enfermedades articulares, es útil una cura a base de caldo de puerros. Hervir los puerros cortados en dados en 2 l de agua durante alrededor de 2 horas, y después filtrar el caldo. Es importante consumir una taza al día, con el desayuno, durante 3 semanas.

Rábano – *Nasturtium armoracia Fries*

- ▣ HÁBITAT – No crece espontáneamente.
- ▣ PARTES UTILIZADAS – Raíces.
- ▣ RECOGIDA – Durante los meses más cálidos.
- ▣ CONSERVACIÓN – Las raíces, una vez desecadas al sol, se conservan en recipientes de vidrio.
- ▣ PROPIEDADES – Diurético, estimulante, antitusígeno, anticatarral, digestivo.
- ▣ USO INTERNO – Decocción y tintura.

- ▣ USO EXTERNO – Se desaconseja su uso a quien sufre trastornos estomacales e intestinales, a las personas nerviosas y durante el embarazo.

Contra la irritación provocada por las picaduras de insectos, masajear la zona afectada con una hoja de rábano.

Rapónchigo – *Campanula rapunculus L.*

- ▣ HÁBITAT – Se encuentra a lo largo de las cunetas de las carreteras y de los caminos rurales hasta los 800 m de altitud.
- ▣ PARTES UTILIZADAS – Raíces y partes aéreas de la planta.
- ▣ RECOGIDA – Las partes aéreas entre mayo y julio, las raíces en septiembre.
- ▣ CONSERVACIÓN – Las raíces deben consumirse frescas, mientras que las partes aéreas pueden también secarse en un lugar seco y conservarse en bolsas de tela.
- ▣ PROPIEDADES – Antiséptico, astringente y refrescante.
- ▣ USO EXTERNO – Aplicación de las hojas para combatir las verrugas e infusión de las flores como preparado para hacer gargarismos.

Protegiendo antes las partes circundantes, aplastar contra la verruga hojas frescas de rapónchigo. Repetir la operación hasta que se cure.

Romero – *Rosmarinum officinalis L.*

■ HÁBITAT – Crece principalmente en las zonas litorales centro-meridionales y en las islas hasta los 1.500 m de altitud.

■ PARTES UTILIZADAS – Flores y ramas.

■ RECOGIDA – Las ramas durante todo el año; las flores en primavera.

■ CONSERVACIÓN – Las ramas se secan a la sombra y se conservan colgadas de un hilo; las flores se utilizan frescas.

■ PROPIEDADES – Antiséptico, tónico, estomacal, emoliente, aromático.

■ USO INTERNO – Tintura e infusión de las ramas.

■ USO EXTERNO – Infusión de ramas para el baño y contra los dolores reumáticos.

Para un baño estimulante, introducir ramas enteras de romero en infusión en el agua de la bañera.

Roqueta – *Eruca sativa Lam*

■ HÁBITAT – Se encuentra tanto cultivada como en las cunetas de las carreteras hasta los 1.000 m de altitud.

■ PARTES UTILIZADAS – Raíces y hojas.

■ RECOGIDA – Las hojas durante todo el verano; las raíces sólo en otoño.

■ CONSERVACIÓN – Las raíces se secan en el horno; las hojas se consumen frescas.

■ PROPIEDADES – Excitante, estimulante, estomacal, tónica.

■ USO INTERNO – Jugo de las hojas.

■ USO EXTERNO – Decocción de las raíces.

Para combatir la impotencia, puede ser útil comer hojas de ruca en ensalada.

Salsifí – *Tragopogon pratensis*

■ HÁBITAT – En zonas llanas y hasta los 2.000 m de altitud.

■ PARTES UTILIZADAS – Raíces y hojas.

■ RECOGIDA – La raíz se recoge el primer año de vida de la planta durante el otoño o en primavera; las hojas exclusivamente en primavera.

■ CONSERVACIÓN – Cortar las raíces en pequeños trozos y secarlas al sol; conservar en recipientes cerrados. Las hojas sólo se utilizarán frescas.

■ PROPIEDADES – Aperitivo, depurativo, diurético, sudorífero.

■ USO INTERNO – Decocción, tintura alcohólica de las raíces.

RECETA

En casos de reumatismo beber 2 tazas al día durante 10 días de una decocción preparada haciendo hervir 50 g de raíces de salsifí en 1 l de agua 20 minutos.

Salvia – *Salvia officinalis L.*

■ HÁBITAT – En terrenos pedregosos y áridos hasta los 600 m de altitud.

■ PARTES UTILIZADAS – Hojas y flores.

■ RECOGIDA – Las flores en primavera; las hojas durante todo el año.

■ CONSERVACIÓN – Tanto las hojas como las flores deben secarse rápidamente al abrigo del sol y después guardarse en tarros de vidrio.

■ PROPIEDADES – Antiséptica, hipoglucémica, estomacal, antisudorífera, diurética, aromática.

■ USO INTERNO – Infusión y tintura vinosa.

■ USO EXTERNO – Infusión.

■ NOTA – Las hojas frescas, frotadas sobre los dientes, los limpian y purifican el aliento.

RECETA

Contra las menstruaciones dolorosas es útil beber, desde una semana antes de la fecha prevista del ciclo menstrual, 2 tazas al día de infusión de salvia preparada dejando 15 g de hojas en 1 l de agua hirviendo durante unos 10 minutos.

Saúco – *Sambucus nigra L.*

- HÁBITAT – En bosques hasta los 1.000 m de altitud.
- PARTES UTILIZADAS – Corteza, hojas, frutos y flores.
- RECOGIDA – La corteza y los frutos entre agosto y septiembre; las hojas y las flores entre mayo y julio.
- CONSERVACIÓN – Las hojas se usan frescas; las flores se secan a la sombra; las cortezas se secan al sol.
- PROPIEDADES – Laxante, diurético, refrescante, antineurálgico, laxante.
- USO INTERNO – Decocción de las flores, de los frutos y de la corteza.
- USO EXTERNO – Infusiones contra el agrietamiento y las inflamaciones de la piel.
- NOTA – Para conservar las manzanas, disponerlas en fila alternándolas con flores de saúco.

RECETA

Contra las hemorroides, aplicar una cataplasma empapada de infusión de saúco, obtenida dejando 80 g de flores en 1 l de agua hirviendo durante 10 minutos.

Tilo – *Tilia sp. pl.*

- HÁBITAT – En los bosques hasta los 2.000 m de altitud.
- PARTES UTILIZADAS – Las flores y la madera de la corteza.
- RECOGIDA – Entre mayo y julio.
- CONSERVACIÓN – Las flores se recogen por la mañana, antes de la floración, se secan a la sombra y después se conservan en tarros de vidrio; la corteza se carboniza y se conserva en recipientes cerrados.
- PROPIEDADES – Las flores son sedantes, antiespasmódicas; la corteza es hipotensora y antiespástica.
- USO INTERNO – Infusión, tintura.
- USO EXTERNO – Infusión, tintura.
- NOTA – Las flores del tilo se utilizan en la cocina para preparar tisanas y para aromatizar la miel y los licores.

RECETA

Para calmar las náuseas provocadas por una indigestión, es útil beber una decocción de tilo preparada hirviendo 60 g de flores en 1 l de agua durante 15 minutos.

Tomillo – *Thymus vulgaris L.*

- HÁBITAT – En terrenos calcáreos y áridos hasta los 1.700 m de altitud.

■ PARTES UTILIZADAS – Toda la planta florida a excepción de las raíces.

■ RECOGIDA – Durante la floración.

■ CONSERVACIÓN – La planta limpia y separada de las raíces debe colgarse y secarse en un lugar seco y aireado.

■ PROPIEDADES – Carminativo, vermífugo, antiséptico, diurético.

■ USO INTERNO – Decocción, infusión.

■ USO EXTERNO – Decocción.

RECETA

La decocción de tomillo es un magnífico colutorio natural. Se prepara hirviendo 30 g de la planta entera, sin raíces, en 1 l de agua durante 3 minutos.

Toronjil o melisa – *Melissa officinalis L.*

■ HÁBITAT – En zonas húmedas hasta los 1.500 m de altitud.

■ PARTES UTILIZADAS – Flores y hojas.

■ RECOGIDA – Las hojas según se desee secarlas o consumirlas frescas, se recogen antes de la floración o en verano; las flores, entre junio y agosto.

■ CONSERVACIÓN – Tanto las flores como las hojas deben secarse en un lugar seco y aireado y después conservarse en tarros de cristal bien cerrados.

■ PROPIEDADES – Calmante, digestivo, sedante, carminativo, cicatrizante, estimulante.

■ USO INTERNO Y EXTERNO – Infusión.

RECETA

Durante el embarazo no se debe administrar ningún medicamento sin supervisión o prescripción médicas. La melisa, en caso de malestar, puede utilizarse sin peligro alguno ni para la madre ni para el futuro bebé. La infusión se prepara dejando 20 g de agua hirviendo durante 10 minutos. Como norma, se toma una taza al día y, en todo caso, no más de tres.

Valeriana – *Valeriana officinalis L.*

■ HÁBITAT – En bosques, praderías y claros hasta los 2.400 m de altitud.

■ PARTES UTILIZADAS – Rizoma fresco con las raíces.

■ RECOGIDA – En primavera o en otoño.

■ CONSERVACIÓN – Limpiar bien y secar al aire.

■ PROPIEDADES – Antiespasmódica, hipnótica, sedante.

■ USO INTERNO – Infusión.

■ USO EXTERNO – Maceración, infusión.

Para combatir los ataques de asma, beber 2 vasos de al día de infusión de valeriana, preparada dejando 50 g de raíces secas cortadas en trozos pequeños en 1 l de agua hirviendo. Se bebe azucarada.

Verbena – *Verbena officinalis L.*

■ HÁBITAT – En cualquier lugar hasta los 1.500 m de altitud.
■ PARTES UTILIZADAS – La planta entera.
■ RECOGIDA – Durante la floración.
■ CONSERVACIÓN – Se seca con facilidad de cualquier modo.
■ PROPIEDADES – Antiespasmódica, astringente, febrífuga, tónica.
■ USO INTERNO – Cataplasma.
■ USO EXTERNO – Infusión.

Para aliviar el dolor provocado por el lumbago, aplicar una cataplasma de verbena. Las hojas de verbena pueden cocerse ligeramente y después mezclarse con la clara de un huevo, o también cocerse en un recipiente de vinagre. En ambos casos, la mezcla se aplicará entre dos gasas y lo más caliente posible.

Zanahoria – *Daucus carota*

■ HÁBITAT – Zonas montañosas ricas en agua.
■ PARTES UTILIZADAS – En la cocina se usan las hojas de la especie silvestre y las raíces de la cultivada.
■ RECOGIDA – Durante todo el año.
■ CONSERVACIÓN – Las hojas se utilizan frescas; las raíces deben almacenarse bajo arena.
■ PROPIEDADES – Diurética, suavizante, depurativa, cicatrizante, rica en vitaminas, antidiarreica.
■ USO INTERNO – Zumos, infusión.
■ USO EXTERNO – Cataplasma.

Contra las quemaduras, resulta ideal, directamente sobre la piel, una cataplasma obtenida de la pulpa de la zanahoria cruda.

Zarza – *Rubus fruticosus L.*

■ HÁBITAT – Crece silvestre en los bosques.
■ PARTES UTILIZADAS – Hojas, raíces, frutos y yemas jóvenes.
■ RECOGIDA – Las hojas en primavera y en verano; los frutos entre junio y agosto; los brotes entre abril y mayo; las raíces en otoño.

■ CONSERVACIÓN – Los frutos y yemas se usan frescos; las hojas se secan a la sombra dispuestas en finas capas, mientras que las raíces se secan en el horno o al sol.

■ PROPIEDADES – Las hojas son astringentes y antidiarreicas; las raíces son expectorantes; las yemas depurativas, tónicas y diuréticas; los frutos son diuréticos, laxantes y vitamínicos.

■ USO INTERNO – Decocción de las raíces y las hojas, jarabes y mermeladas.

■ USO EXTERNO – Decocción para lavados y gargarismos y para las encías.

RECETA

En caso de ronquera, hacer gargarismos 3 veces al día con una decocción de zarza endulzada con miel y cuidadosamente filtrada. La decocción se prepara hirviendo 100 g de hojas de zarza en 1 l de agua durante 15 minutos.

Enfermedades y malestares más comunes y sus remedios

ABSCESOS

Para reducir el absceso y calmar el dolor, se ponen sobre el absceso con una venda los siguientes remedios y se renuevan cada 2 o 3 horas.

■ MIGA DE PAN embebida en jugo fresco de puerro y prensada.

■ CATAPLASMA DE HOJAS DE COL MACHACADAS: provoca en poco tiempo un aumento de la temperatura de la zona; en ese momento es necesario sustituir las hojas. Continuar las aplicaciones hasta que desaparezca la inflamación.

■ CATAPLASMA DE HIGOS SECOS: se abren en dos y se cuecen en leche.

ALOPECIA O CAÍDA DEL CABELLO

■ INFUSIÓN CONCENTRADA DE HOJAS FRESCAS DE ALBAHACA: dejar 150 g de hojas en 1 l de agua hirviendo durante 20 minutos, tras lo cual se aplastan las hojas y se filtra el líquido. Usar el jugo obtenido para enjuagar los cabellos tras el lavado.

■ MACERACIÓN DE GUINDILLA: sumergir 30 g en 1 l de alcohol de 60° durante 8 días, agitando de cuando en cuando. Filtrar.

CABELLO APELMAZADO Y/O SIN BRILLO

■ DECOCCIÓN DE ORTIGA BLANCA: hervir 50 g de planta entera en 1 l de agua durante 10 minutos y usarla para friccionar el cabello.

■ DECOCCIÓN DE SALVIA: cocer 250 g de hojas desecadas en 1 l de agua durante 15 minutos. Dejar reposar durante 48 horas, agitando de cuando en cuando; después, filtrar y añadir 1/4 l de ron. Usar para enjuagar el pelo cada 2-3 días.

CASPA

■ INFUSIÓN DE HOJAS DE CASTAÑO: dejar 60 g de hojas frescas en 1 l de agua hirviendo durante 10 minutos.

■ MACERACIÓN MIXTA DE ORÉGANO Y ORTIGA: sumergir 50 g de cada planta en 1 l de alcohol de 60° y dejar el recipiente al sol durante 15 días. Filtrar y friccionar los cabellos 2 veces al día con 2 cucharadas soperas de maceración diluida en agua.

CONJUNTIVITIS

Los siguientes remedios son de uso externo y se aplican en cataplasmas. Preparar sólo pequeñas dosis, que deben filtrarse.

■ INFUSIÓN DE CAMOMILA: dejar 50 g de flores secas en 1 l de agua hirviendo durante

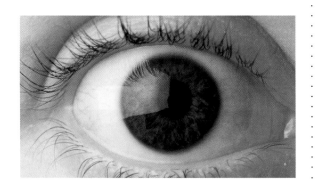

1 hora. Empapar una gasa o un algodón y aplicar directamente sobre los ojos.

■ DECOCCIÓN DE NOGAL: hervir 30 g de hojas frescas en 1 l de agua durante 5 minutos.

■ INFUSIÓN DE PARRA ROJA: poner 50 g de hojas secas en 1 l de agua hirviendo durante 10 minutos.

CONTUSIONES

Aplicar sobre la zona contusa los siguientes emplastos.

■ DECOCCIÓN DE ÁRNICA: hervir 30 g de flores y hojas secas en 1 l de agua durante 10 minutos y después filtrar. Debe usarse lo más fría posible.

■ DECOCCIÓN DE OLMO: hervir durante 30 minutos 80 g de corteza en 1 l de agua.

CUTIS APAGADO

Las siguientes mascarillas dan luminosidad a la piel. Todas deben aplicarse durante 20 minutos.

■ Crema de miel y zumo de limón.

■ Crema obtenida mezclando zumo de limón y yema de huevo.

■ Crema obtenida mezclando pulpa de zanahoria con nata fresca.

CUTIS DESHIDRATADO

La siguiente mascarilla es emoliente y antiarrugas. Debe aplicarse durante 20 minutos.

■ Crema obtenida triturando hojas frescas de acelga y mezclándolas con aceite de almendras.

CUTIS FLÁCIDO

Esta máscara es «rejuvenecedora». También debe aplicarse durante 20 minutos.

■ Cortar un limón en rodajas delgadas y aplicarlo sobre el rostro protegiendo los ojos con

dos discos de algodón empapados en una infusión de aciano.

ESTRÍAS

■ CATAPLASMA DE HIEDRA: se aplicará dos veces al día sobre la parte afectada. Se obtiene cociendo y después aplastando en poco agua unas cuantas hojas de hiedra.

GRIPE

Beber 3 tazas diarias de:

■ INFUSIÓN DE BORRAJA: dejar 20 g de flores en 1 l de agua hirviendo durante 10 minutos.

■ INFUSIÓN DE CAMOMILA: dejar 40-50 g de flores en 1 l de agua hirviendo durante 15 minutos.

■ INFUSIÓN DE EUCALIPTO: dejar 20 g de flores secas en 1 l de agua hirviendo durante 15 minutos.

■ INFUSIÓN DE TOMILLO: dejar 20 g de ápices florales secas en 1 l de agua hirviendo durante 10 minutos.

O bien, beber 2 tazas al día de:

■ DECOCCIÓN DE ESPÁRRAGOS: cocer 50 g de raíces en 1 l de agua durante 5 minutos.

■ INFUSIÓN DE CILANTRO: dejar 30 g de frutos secos en 1 l de agua hirviendo durante 10 minutos, azucarar y beber muy caliente.

■ INFUSIÓN DE LIMÓN Y TOMILLO: poner en infusión 30 g de hojas secas de limón y 20 g de tomillo seco en 1 l de agua hirviendo, filtrar ésta y beberla tibia.

■ DECOCCIÓN DE MIJO: hervir 500 g de semillas de mijo en 1 l de vino tinto durante 30 minutos, filtrar y azucarar.

Cuando ha pasado la fiebre

■ VINO DE CEREZAS: recubrir 1 kg de cerezas, frescas o secas, según la estación, con vino tinto; añadir azúcar y hacer hervir a fuego lento.

HEMORROIDES

■ DECOCCIÓN DE CASTAÑO DE INDIAS: cocer 30 g de corteza de ramas desecada en 1 l de agua durante 10 minutos y dejar en infusión durante 5 minutos. Beber 2 tazas al día.

■ DECOCCIÓN DE MALVA: hervir 30 g de flores y hojas durante 3 minutos y dejar en infusión durante 10 minutos. Beber 2 tazas al día.

■ BAÑO DE CASTAÑO DE INDIAS: cocer 60 g de corteza por cada litro de agua durante 10 minutos. Filtrar y verter en la bañera.

HIPO

■ Tomar una cucharadita de zumo de limón puro.

■ Mezclar media cucharadita de jugo fresco de menta piperita con unas gotas de vinagre.

IMPOTENCIA

Comer avena y germen de trigo. Añadir a las comidas perejil triturado crudo; a las ensaladas, roqueta; al pescado, azafrán. Además, beber una de las siguientes infusiones o vinos:

■ INFUSIÓN DE HIPÉRICO: 20 g de ápices florales en 1 l de agua hirviendo durante 5 minutos. Beber una taza al día.

■ INFUSIÓN DE MENTA PIPERITA: 20 g de ápices florales en 1 l de agua hirviendo durante 10 minutos. Beber 1 taza al día.

■ VINO DE HINOJO SILVESTRE: macerar 100 g de semillas en 1 l de oporto durante 3 semanas, agitándolo todos los días. Después, filtrarlo y beber un vasito después de la cena.

■ VINO DE ROMERO Y SALVIA: echar 30 g de hojas frescas de romero, 20 g de salvia y 1 cucharada de miel en 1 l de vino tinto. Calentar al baño maría durante 15 minutos, dejar enfriar y después filtrar. Tomar 2 cucharadas soperas antes de la cena.

MIGRAÑA

■ INFUSIÓN DE ROMERO: poner 20 g de ápices florales y de hojas en 1 l de agua hirviendo durante 10 minutos. Beber 1 taza y recostarse en un lugar oscuro.

■ INFUSIÓN DE PASIONARIA: dejar 20 g de flores en 1 l de agua hirviendo durante 15 minutos. Beber 1 taza y recostarse en un lugar oscuro.

PUPAS O ERUPCIONES EN LOS LABIOS

Los dos remedios pueden usarse a la vez.

Uso interno

■ INFUSIÓN DE BORRAJA: dejar 30 g de flores en 1 l de agua hirviendo durante 10 minutos. Se deben beber 3 tazas al día.

Uso externo

■ DECOCCIÓN DE DULCAMARA: dejar 60 g de tallos desecados y troceados en 1 l de agua hirviendo durante 1 hora. Aplicar sobre las vesículas.

TOS

Preparados contra la tos para beber 3 veces al día lejos de las comidas.

■ INFUSIÓN DE ALBAHACA: dejar 20 g de ápices florales y de hojas en agua hirviendo durante 10 minutos.

■ INFUSIÓN DE CEBOLLA: dejar 250 g de bulbo en 1 l de agua hirviendo durante 10 minutos. Filtrar y azucarar abundantemente.

Preparados expectorantes

■ DECOCCIÓN DE ZANAHORIA: cocer 100 g de raíz en 1 l de agua durante 10 minutos.

■ DECOCCIÓN DE HIGO: cocer 100 g de higos secos en 1 l de agua durante 10 minutos.

■ JARABE DE PUERRO: cocer 150 g en 1 l de agua durante 30 minutos, tras lo cual se

añade el mismo peso en azúcar. Tomar de 2 a 4 cucharadas soperas al día.

VÓMITOS

■ INFUSIÓN DE ALBAHACA: dejar 50 g de hojas en 1 l de agua hirviendo durante 10 minutos. Beber 1 taza.

■ INFUSIÓN DE LIMÓN: medio limón en rodajas en 1 taza de agua hirviendo.

■ INFUSIÓN DE SALVIA: 20 g de ápices florales y de hojas en 1 l de agua hirviendo durante 10 minutos.

Glosario
Propiedades de las plantas medicinales

■ AFRODISÍACO

Aumenta el deseo sexual.

■ ANALÉPTICO

Estimula transitoriamente la actividad circulatoria y respiratoria bulbar.

■ ANALGÉSICO

Alivia o suprime, aunque temporalmente, el dolor.

■ ANESTÉSICO

Provoca insensibilidad a todos los estímulos sensoriales, comprendidos los dolorosos.

■ ANTIÁCIDO

Reduce la actividad de los jugos gástricos.

■ ANTIBIÓTICO

Contrarresta el crecimiento de las bacterias y provoca su muerte.

■ ANTIDIAFORÉTICO

Reduce la sudoración excesiva.

■ ANTIDIARREICO

Contra la diarrea.

■ ANTIDOLOROSO

Combate el dolor.

■ ANTIEMÉTICO

Contra los vómitos persistentes.

ANTIEQUIMÓTICO

Contra el reumatismo.

ANTIESCORBÚTICO

Favorece la reabsorción de los coágulos subcutáneos.

ANTIESPASMÓDICO

Contra los espasmos.

ANTIFLOGÍSTICO

Antiinflamatorio.

ANTIHELMÍNTICO

Combate los gusanos intestinales parásitos.

ANTIHEMORRÁGICO

Evita, mediante una acción vascular, las pérdidas de sangre.

ANTIPIRÉTICO

Combate la fiebre.

ANTIPRURIGINOSO

Contra el prurito.

ANTIRREUMÁTICO

Contra el reumatismo.

ANTIESCORBÚTICO

Contra el escorbuto.

ANTISÉPTICO

Combate las afecciones externas provocadas por microorganismos patógenos.

ANTITUSÍGENO

Contra la tos.

■ ANTIÚRICO

Reduce la concentración de ácido úrico en la sangre.

■ APERITIVO

Aumenta el apetito.

■ AROMATIZANTE

Realza las propiedades aromáticas de un alimento.

■ ASTRINGENTE

Facilita la cicatrización, reduciendo las secreciones.

■ BALSÁMICO

Contra las afecciones del aparato respiratorio.

■ CALMANTE

Actúa sobre el sistema nervioso, atenuando el dolor, la inquietud, etc.

■ CARDIOTÓNICO

Estimula y mejora la función cardíaca.

■ CARMINATIVO

Estimula la función intestinal favoreciendo la eliminación de gases.

■ CATÁRTICO

Purgante violento.

■ CÁUSTICO

Repulsivo violento, que provoca importantes alteraciones de la piel.

■ CICATRIZANTE

Favorece la regeneración de los tejidos tras una laceración.

■ COLERÉTICO

Aumenta la secreción biliar.

■ COSMÉTICO

Para la belleza de la piel.

■ DEPRESOR

Ralentiza la actividad circulatoria.

■ DEPURATIVO

Favorece la renovación de la sangre.

■ DESCONGESTIONANTE

Reduce la cantidad excesiva de sangre presente en una parte del cuerpo.

DESINFECTANTE

Destruye los microorganismos y sus esporas.

DESODORANTE

Contra los malos olores.

DETERGENTE

Limpia las heridas o la piel.

DIAFORÉTICO

Aumenta la secreción de sudor.

DIGESTIVO

Facilita la digestión.

DIURÉTICO

Aumenta la secreción de orina.

EMÉTICO

Provoca el vómito.

EXCITANTE

Favorece la formación de glóbulos rojos.

EMENAGOGO

Favorece el flujo menstrual.

EMOLIENTE

Ejerce una acción relajante sobre tejidos tumefactos o endurecidos.

HEMOSTÁTICO

Detiene la pérdida de sangre por las heridas.

ENERGÉTICO

Aumenta la fuerza vital.

ESPASMOLÍTICO

Contra las contracciones de los músculos.

ESTIMULANTE

Aumenta la actividad de los órganos del cuerpo.

EUPÉPTICO

Estimula el apetito y ayuda a la digestión.

EXPECTORANTE

Facilita la expulsión de mucosidades de la tráquea y los bronquios.

FEBRÍFUGO

Contra la fiebre.

■ GALACTÓFUGO

Disminuye o reduce la secreción de leche.

■ GALACTÓFORO

Estimula la secreción láctea.

■ HEMATOPOYÉTICO

Estimula la generación de glóbulos rojos.

■ HEPATOPROTECTOR

Obstaculiza la degeneración de la funcionalidad hemática.

■ HIDRATANTE

Aporta agua a las pieles secas.

■ HIPERTENSOR

Aumenta la presión arterial

■ HIPOTENSOR

Reduce la presión arterial.

■ IRRITANTE

Provoca inflamaciones.

■ LAXANTE

Dotado de una suave acción purgante.

■ LENITIVO

Reduce el dolor y el escozor.

■ MIORRELAJANTE

Favorece la relajación muscular.

■ MIÓTICO

Produce el encogimiento de la pupila.

■ MIOTÓNICO

Aumenta la excitabilidad dirigida de los músculos.

■ NARCÓTICO

Provoca sueño

■ NERVINO

Actúa sobre el sistema nervioso.

■ PECTORAL

Contra las enfermedades del aparato respiratorio.

■ PURGANTE

Ayuda a la expulsión de las heces.

■ REFRESCANTE

Sirve para atenuar la sed o reduce el recalentamiento del cuerpo.

■ REMINERALIZANTE

Aporta sales minerales al organismo.

■ RESOLUTORIO

Provoca el fin de un proceso morboso.

■ SEDANTE

Influye en el sistema nervioso, provocando un estado de calma.

■ SIALAGOGO

Aumenta la secreción de saliva.

■ SOPORÍFERO

Provoca sueño.

■ SUDORÍFERO

Aumenta la emisión de sudor.

■ TÓNICO

Potencia las funciones de los diversos órganos.

■ TÓPICO

Se aplica localmente sobre la piel.

■ VASOCONSTRICTOR

Provoca la concentración de los elementos del sistema circulatorio.

■ VESICANTE

Irrita provocando ampollas.

■ VITAMÍNICO

Aporta vitaminas al organismo.

■ VULNERARIO

Cicatrizante, antiequimótico.